뇌(腦, brain)와 태권도

김철형

**태권도와 뇌과학의 만남!
뇌와 태권도의 비밀!!
태권도를 하면 뇌가 발달하는가?
태권도를 하면 두뇌가 좋아지는 이유**

뇌(腦, brain)와 태권도

초판발행 | 2025년 4월 23일

지 은 이 | 김철형
동 작 모 델 | 강익필, 강해수, 박지철, 김지훈,
펴 낸 이 | 문상필
편집디자인 | 권태궁
표 지 모 델 | 강익필, 김혜은

펴 낸 곳 | 상아기획
등 록 번 호 | 제318-1997-000041호
주   소 | 서울시 영등포구 경인로 82길 3-4 (문래동 1가 센터플러스 715호)
대 표 전 화 | 02-2164-2700
홈 페 이 지 | www.tkdsanga.com
이 메 일 | 0221642700@daum.net

가격 23,000원

ISBN 979-11-86196-40-3   13690

ⓒ 저작권은 저자에게 있습니다. 저자와 합의해 인지는 생략합니다.
* 잘못 만들어진 책은 구입하신 서점에서 교환해 드립니다.
  Printed in KOREA

들어가면서

최정상에 선 운동선수, 예술가, 가수, 영화배우, 학자, 교수, 과학자… 이들의 공통점은 무엇일까? 이들은 어떻게 살아왔기에 자기 분야에서 전문가로서 인정받으며 정상을 지켜가는 것일까?

아마도 일반인보다 더 큰 노력을 했을 것이다. 하지만 노력만이 다일까?

이들은 평범한 시각을 뛰어넘어 훨씬 넓고 깊은 세상을 본다. '배운 만큼 보인다'라는 말처럼, 다양한 관점에서 사물과 정보를 분석하고 해석하는 탁월한 창의력을 발휘하는 것이다. 분명한 사실은 이들이 자신의 분야에서 일반인보다 훨씬 다양하고 강렬한 두뇌 자극을 받으며 성장했다는 점이다. 우주의 신비처럼 복잡한 뇌를 완벽히 이해할 수는 없지만, 그 결과, 이들은 전두엽 피질에 수많은 신경 세포가 촘촘하고 견고하게 연결되어 다른 이들보다 월등히 발달한 뇌를 보유하게 되었다는 것이다.

이러한 사람들은 점진적으로 가소성을 극대화하는 환경과 학습을 통해 자신의 뇌를 발달시켰고, 그 결과 과거보다 향상된 인지 능력을 확보하여 타인과 차별화된 능력을 갖추게 되었다. 이것을 우리는 '통찰'이라고 부르기도 한다. 흔히 영재를 유전적 요인으로만 단정 짓는 경향이 있지만, 실제로는 후천적인 노력과 환경으로 뇌를 발달시킬 수 있다는 것이다.

건강 다음으로 인간이 중요하게 여기는 것은 주변의 경쟁자들보다 더 높은 능력을 오랫동안 유지하는 것이다. 이것은 뇌를 효율적으로 사용하는 방법과 매우 깊은 상관관계를 가지고 있다. 그것은 많은 서로 관계있는 수많은 신경세포를 생성시키고 서로 연결해 견고하고 단단하게 신경망을 형성하는 것이다. 즉 인간의 뇌 발달은 태아 이후에 생성된 뉴런들이 얼마나 많은 시냅스를 보유하고 다른 뉴런과 연결을 했으며, 얼마나 많은 뉴런의 연결이 신경망을 구성하는지에 따라 뇌 발달 정도가 결정된다.

　뇌는 아직도 인간의 신체 장기 중 가장 연구가 필요한 분야이다. 인간의 뇌는 우주와 비유되며 약 1,000억 개 많은 뉴런을 지니고 있고 그 뉴런들은 각각 수백만의 다른 뉴런들과 연결되어 있다. 과거에는 우주와도 같은 뇌에 새로운 뉴런을 생성하고 시냅스를 발달하는 것이 불가능이라 생각했지만, 현재의 뇌 과학자들은 새로운 뉴런들이 생성되며 그 뉴런들이 다른 뉴런들과 연결되어 학습을 만들고 개발시킨다는 것을, 연구를 통해서 증명하기 시작했다. 또, 새로운 시냅스의 개발을 위해서는 신경세포를 생성하는 신경전달물질을 분비해야 하며 신경세포의 생성을 위한 신경전달물질의 분비를 위해서 중요한 역할 중에 하나로 운동이 대두되고 있다.

　신경세포 생성을 촉진하는 신경전달물질 분비를 유도하는 최적의 운동 방식은 아직 초기 연구 단계이며, 앞으로 더 많은 연구가 필요하다. 하지만 현재까지의 연구 결과를 통해 어느 정도 추론은 가능하다. 뇌 발달 운동을 위해서는 뇌 가소성을 극대화하는 운동 환

경과 학습이 필수적이다

　뇌 발달 운동을 연구하는 과정에서, 필자는 뇌 발달이 새로운 신경세포 생성, 새로운 시냅스 발달, 그리고 견고하게 연결된 신경망 형성을 통해 이루어진다는 사실을 알게 되었다. 또한, 신경세포 생성을 위한 신경전달물질 분비 촉진 운동 기전과, 분비된 신경전달물질로 생성된 신경세포의 시냅스 발달 운동 기전이 서로 순환하며 상호 보완적으로 작용한다는 것을 알게 되었다.

　운동, 놀이, 공부 등이 가소성을 주는 구조라면 뇌 발달을 시도할 수 있으며 필자는 연구를 거듭할수록 구조적이고 계획적인 태권도 수련이 지속해서 신경 가소성을 촉진하는 운동이라는 신뢰를 얻고 있다.

　또, 태권도가 여태 무도 안에서 성장해 왔다면 이제는 태권도의 움직임과 동작들이 두뇌와 어떤 상관관계가 있는지 두뇌의 어떤 메커니즘으로 움직임을 유도하고 동작하는지 뇌의 인지 작용을 통해 얼마나 효과적인 동작을 구사할 수 있는지 관심을 가질 때가 아닌가 사료된다.

　'태권도와 뇌'는 이러한 태권도 수련이 두뇌에 어떻게 얼마나 영향을 주는지 태권도의 신체적 움직임이나 동작이 두뇌에 어떤 기전에서 반응하며 어떤 관계를 맺고 있는지 또 태권도의 효과적인 움직임과 동작 구사를 위해서는 두뇌를 어떻게 사용하는 것이 효율적이고 유익한지를 연구했다. 이러한 관점은 태권도의 철학적 교육적 목표에 더 구체적이고 정확하고 빠른 도달을 이끌어줄 것이다.

남보다 영특한 두뇌를 개발하고 노화를 지연하는 바람은 신경세포를 생성하고 성장시키는 것과 관계가 깊다. 이러한 신경세포를 생성하고 성장시키는 최적의 환경이 '태권도'이며, 도장에서 이루어지는 태권도 수련이 뇌 활성화 및 발달에 긍정적인 영향을 미친다는 사실이 밝혀진다면, 태권도는 전 세계인의 생활 문화 속에 더욱 깊숙이 자리 잡을 것이다.

이 책은 최초 태권도와 두뇌와의 관계를 설명하고 2편은 안티에이징 즉, 항노화 태권도의 이론과 태권도프로그램을, 3편은 팬데믹 이후 늘어나는 ADHD 수련생의 개선과 태권도프그램을 4편은 두뇌계발을 위한 구조적인 태권도프로그램 '브레인태권도 교육프로그램'을 기획하고 진행할 것이다.

오늘날 태권도는 발아기 때는 희소성의 가치를, 발전기 때의 활성과 확장을 지나 현재의 자원이 부족한 퇴화기가 왔다. 태권도의 두뇌에 관한 관심은 이러한 퇴화기에 자원을 창출하는 돌파구가 될 것이라 확신한다.

또한, '태권도와 뇌'에 대한 연구는 태권도 지도자들이 현재 실시하고 있는 인성교육과 실기 교육이 뇌에 어떠한 작용을 하는지, 어떠한 효과를 가져오는지, 어떠한 상관관계를 가지는지에 대한 객관적인 자료를 제공함으로써 태권도의 본질에 한 걸음 더 다가가는 데 기여할 것이다.

CONTENTS

차 례

들어가면서

1. 두뇌 계발을 위한 철학
   1) 철학과 도복의 의미 …………………………………………… 12
   2) 기술과 이해 …………………………………………………… 16
   3) 자기 발전의 벽! 행동패턴 …………………………………… 20
   4) 두뇌에 관심을 가지면 모든 것이 쉽게 이해된다 ………… 27

2. 뇌 발달과 인성교육
   1) 내 아이의 성격 변화가 가능한가 …………………………… 34
   2) 인성교육은 전두엽 발달 ……………………………………… 39

3. 칭찬보다 보상시스템(Reward System)보다 피드백(Feedback)
   1) 칭찬보다 보상시스템(Reward system), 보상보다
      피드백(Feed back)………………………………………………… 54
   2) 무의식 자동화(unconscious automation)와 경영과의 관계   66
   3) 목표를 위한 구체적인 피드백 ………………………………… 69

4. 뇌와 운동
   1) 운동과 뇌 ……………………………………………………… 74
   2) 뇌 발달! 무엇에 영향을 받는가? …………………………… 76
   3) 운동은 두뇌를 발달시킨다 …………………………………… 82
   4) 운동이 먼저인가 학습이 먼저인가? ………………………… 86

5. 신경가소성과 BDNF
1) 신경세포와 신경망 ·· 92
2) 변화를 위한 에너지! 신경가소성 ···················· 94
3) 뇌세포를 생성하는 BDNF ·································· 104

6. 뇌와 태권도의 관계
1) 전전두엽과 의식 ·· 110
2) 태권도 위력격파와 코르티솔 ···························· 120
3) 태권도 옆차기의 절차기억(Procedural Memory)기전과 신경망 123

7. 뇌 발달에 영향을 주는 태권도
1) 자기 조절력을 향상하는 태권도 ···················· 130
2) 최고의 몰입을 제공하는 태권도 ···················· 137
3) 태권도는 두뇌 운동 ·· 145

8. 뇌 발달을 위한 구조의 태권도
1) –1방법 – 낱기술 연습 ···································· 169
1) –2방법 – 낱기술 연습 ···································· 169
2) 방법 – 한번겨루기 연습(사전 동작)················· 170
3) 방법 – 기본 연결 동작 연습 ·························· 171
4) 방법 – 기본 연결 동작 한번 겨루기··············· 172

9. ADHD를 위한 태권도 ·· 176

10. 안티에이징(anti-asing)을 위한 태권도 ············ 186

두뇌 계발을 위한 철학

1) 철학과 도복의 의미

2) 기술과 이해

3) 자기 발전의 벽! 행동패턴

4) 두뇌에 관심을 가지면 모든 것이 쉽게 이해된다

1. 두뇌 계발을 위한 철학

1) 철학과 도복의 의미

　태권도장에서 도복을 입는 것은 당연한 일이다. 우리는 잠을 잘 때 잠옷을 입고, 업무를 볼 때 평상복을 입으며, 운동할 때는 땀 흡수가 잘 되고 관절 움직임이 자유로운 운동복을 입는다.

　그런데 많은 학부모들이 "오늘 바쁜데 도복을 안 입으면 안 되나요?", "학원에서 바로 도장에 와서 도복을 챙겨 입을 시간이 없어요!", 심지어 "다른 도장에서는 도복을 안 입어도 된다는데 여기는 왜 꼭 입어야 하나요?"라고 문의한다.

　시간이 지날수록 수련생 수가 줄어 지도자를 힘들게 하는 데 그에 비례하여 학부모들의 컴플레인 또한 늘고 있다. 차량 승차 시간이 늦었다고, 수련생이 놀다 다치면 잘 관찰하지 않았다고, 심지어는 승급심사에서 제대로 승급을 시켜주지 않았다는 등 다양한 컴플레인이 제기고 있다. 과거에는 사범님이 지도할 때 수련생이 학부모 앞에서도 잘못하면 즉시 지도하였고 학부모도 아이 탓을 하며 지도 편달을 잘 부탁드린다는 시절이 있었지만, 현재는 자녀가 친구랑 다퉜다고 수업 중에도 무단 입실을 감행하는 지경까지 왔다. 지도자들도 자원이 감소하면서 컴플레인이 낮아질 거란 생각하고 있지는 않을 것이다. 오히려 자원이 감소 되면 컴플레인은 더 많아질 것이란 고민에 빠져있다.

현재는 자녀가 친구와 다퉜다는 이유로 수업 중 무단으로 도장에 들어오는 학부모까지 나타나고 있다. 지도자들은 수련생 수가 줄면 컴플레인도 줄어들 것이라고 생각하지 않는다. 오히려 수련생 감소는 더 많은 컴플레인을 초래할 것이라는 우려를 안고 있다.

요즘 아이들이 축구를 많이 하는데, 축구학원에 가면 유니폼과 스타킹, 축구화를 착용한다. 수영장에서는 수영복을 입는다. 겨울 점퍼를 입고 수영장에 들어가는 사람은 없다. 축구화와 유니폼은 꼼꼼히 챙겨주는 부모님들이 아이들의 정신적, 신체적 건강을 위해 매일 땀 흘리는 태권도장에서 수련복의 중요성을 간과하는 경우가 많다. 아마도 바쁜 일상 속에서 아이들을 배려한다는 명목으로 일부 도장에서 도복 착용을 허용하지 않은 것이 잘못된 습관을 만들고 학부모들의 인식에 자리 잡게 된 것은 아닐까.

지도자는 어린 시절 태권도 수련 경험을 떠올리며 도복 착용을 권하지만, 학부모들의 항의를 접하면 의지가 꺾이기도 한다. 이는 철학과 기술의 차이에서 비롯된다.

확고한 교육 철학을 가진 지도자는 어떤 어려움에도 굴하지 않고 목표를 향해 나아가 결국, 교육 효과를 얻어낸다. 하지만 철학이 부족한 지도자는 학부모들의 항의에 도복의 의미를 제대로 전달하지 못하고 쉽게 포기한다. 지도자는 수련생들이 학교나 방과 후 활동에서 입었던 평상복이 수련에 적합하지 않다고 생각하고, 특히 어린 수련생들의 경우 도복을 갈아입는 과정을 통해 외부 활동에서 수련으로 주의를 전환하기를 바라는 마음에서 도복 착용을 권할 것이다.

태권도 수련은 도장에 들어서서 도복을 입는 순간부터 시작된다고 할 수 있다. 따라서 지도자가 수련생들에게 도복의 의미와 중요성을 명확히 인식시키고, 학부모들에게도 이를 효과적으로 전달한다면 도복 착용에 대한 긍정적인 인식을 확산시키고 학부모들의 협조를 끌어낼 수 있을 것이다. 태권도 도복은 단순한 운동복이 아니라, 태권도의 정신과 철학을 담고 있는 중요한 상징이기 때문이다.

태권도 도복은 바지, 저고리, 고름으로 구성된다. 저고리는 상의를, 바지는 하의를, 고름은 띠에 해당하며 바지와 저고리를 고정하는 역할을 한다.

(1) 왜 도복은 흰색인가?

흰색이 의미하는 것은 무엇이 있을까? 흰색은 색 중에 가장 맨 앞에 자리 잡고 있다. 흰색 노란색…. 이런 식으로 색이 나열된다. 그래서 흰색은 시작의 의미가 있다.

삼국시대나 고려시대에서는 다양한 색깔의 옷을 입었으나 조선시대에 들어오면서부터 선조들은 흰색을 즐겨 입었다. 그 후로 '백의의 민족'이라 하여 흰옷을 즐겨 입었다. 또, 태권도장에서의 흰색 도복은 관리를 뜻하기도 한다. 반면, 검은색은 권위와 위엄을 상징하는 색이었다. 조선시대 왕이 입었던 곤룡포(袞龍袍) 중 하나가 검은색이었으며, 이는 왕의 위엄과 신성함을 나타냈다. 조선시대 문무백관(文武百官)은 공식 행사에서 흑색 단령(黑色 團領, 관복의 일종)을 입었다. 이는 공적인 자리에서의 권위를 강조하는 요소였다. 한편, 검은색은 부정적 의미도 포함한다. 흑색은 어둠과 악(惡), 죽음 등 부정적인 의미도 가질 수 있었다. 특히, 흑색은 양반들이 일상복으로 잘 입지 않는 색상이었으며, 일반 백성들도 상복을 제외하고는 주로 흰옷을 입는 경우가 많았다.

아마 도복을 입고 음식이라도 먹어 본 사람은 알 것이다. 이물질이 도복에 튈까 봐 매우 조심스럽고 만약 튀었다면 바로 세탁해야 한다. 그래서 태권도장의 흰색 도복은 관리를 뜻한다. 만약 검은색 도복이라면 어떤 것이 튀든지, 어떤 것이 묻던지 운동을 하고 난 후 땀에 젖은 도복을 세탁할 걱정도 덜 하게 된다. 흰색 도복이므로 땀에 젖거나 이물질이 묻게 되면 바로 표시가 나게 되고 관리하게 된다.

여기서 말하는 관리란, 비단 도장에서 도복에만 해당하는 것이 아니라 '남녀칠세부동석'이란 속담처럼 7세가 되면 아무 자리나 앉아도 안 되고 가려 앉아야 하고 도장 내외부에서도 행동과 말을 조심해야 한다는 관리의 뜻도 있다. 이 외에도 흰색은 순결, 청렴을 상징하기도 한다. 또, 일관적인 통일된 복장은 소속감을 주기도 한다.

(2) 태권도의 띠의 의미는 무엇일까?

띠의 위치는 배꼽 밑의 위치하는데 흔히 단전이라고 불리는 곳이다. 띠의 체계는 흰띠, 노란띠, 빨간띠, 검은띠, 회색띠(흙띠), 흰띠로 순환된다.

흰띠에서 수련을 시작하면 흰색의 띠가 누렇게 변해서 노랑띠가 되고 누렇게 변한 띠에서 더 수련하게 되면 때가 타면서 붉은색으로 변한다고 해서 빨간띠, 빨간띠에서 더욱 수련을 열심히 하면 검은색으로 변하면서 검은띠, 검은띠에서 더욱 열심히 하면 낡아져서 흙띠, 흙띠에서 더욱 열심히 하면 흰색으로 다시 되돌 아간다. 이것은 초심을 잃지 말라는 뜻이고 재도약을 의미한다. 또, 띠는 외부에서 어떤 일을 부정적이고 긍정적 경험을 하고 왔더라도 도장에 입실하고 띠를 단전에 묶음으로 인해 수련에 집중한다는 의미도 있다.

2) 기술과 이해

당장 회사를 그만두고 식당을 차린다고 가정해 보면 오랜 회사 생활로 생성된 행동 패턴의 의식이 전혀 다른 직종인 식당을 창업하는 데 방해를 줄 수 있다. 안일하게 식당을 창업해서는 안 되는 이유가 오랜 시간의 행동 패턴을 걷어내는 작업, 즉 식당에 관한 지식을, 미디어를 통해서 알 것이 아니라 직접 몸으로 체험하고 배우면서 다시 터득해야 식당을 개업할 수 있다.

이것이 어떤 과학자가 말한 빵을 만들기 위한 '레시피'와 '이해'의 차이다. '레시피'는 빵을 만들기 위해 적정량의 밀가루와 물을 섞

어서 이스트를 첨가하고 일정 시간 숙성시켜 오븐에 얼마 동안 구워야 하는가이고 '이해'는 밀가루에 대한 생물학, 좋은 밀가루를 가져오기 위해 공급망, 이스트를 적절하게 배합하는 물리학, 반죽의 열처리를 위한 열역학 등의 지식을 배우고 해석하는 것이 이해다.

태권도 겨루기가 세계 선수들에게 공정한 경기가 되기 위해 전자호구를 도입하고 경기규칙을 변경하고 해당하는 기술을 연마했다면 그것은 '레시피'에 해당하는 것이고 그렇게 태권도 기술을 변경해서 계속 진행해 왔지만, 부작용 즉 태권도 철학에 문제가 되었고 무도로서 가치를 잃고 그것을 올림픽으로 시청하며 실망하고 저변화가 되지 않는 점을 예측했다면 태권도의 본질에 대해 이해를 한 것이다.

그래서 본질을 이해하지 못하면 갔던 만큼 되돌아와야 하므로 손실이 크다. 이 세상의 천재들은 '레시피'보다 본질에 해당하는 '이해'에 집중하였고 고로 그들은 지속적인 발전을 거듭한다. 많은 사람이 본질을 보지 않은 채 '레시피'에 집중하지만 '레시피'는 누구나 따라 할 수 있고 한계가 뚜렷하다.

태권도를 하면 집중력이 좋아진다고 지도자가 학부모에게 어필하려 한다면 집중력을 단순히 태권도 실기를 반복한다고 해서 구현되지 않고 인간이 집중할 수 있는 조건에 관해 관심을 가져야 할 것이다. 그러면 몰입 중에 가장 강력한 몰입은 생존에 관한 몰입이며 생존에 강한 몰입을 태권도 수련 중 찾아야 하며 생존 몰입을 조절하기 위해서는 어떤 환경적인 준비를 해야 하고 조성된 환경에서 두뇌의 지각과 인지 상태가 어느 수준에 이르러야 하고 발생한 집중을 계속 유지하여 집중하는 습관을 지니려면 어느 정도 기간의 수련을 해야 하는가이다.

길 가다가 길가에 핀 꽃을 보면 '봄이 되어 꽃이 피는구나!'라는 결론적인 생각보다 어떻게 해서 꽃이 피는지에 관심을 가지면 꽃을 피우기 위한 얼마나 많은 것이 필요한지 이해하게 된다. 두뇌에 관한 관심을 가져야 하는 이유는 두뇌는 인간의 본질에 해당하기 때문이며 뇌를 이해하면서 신체나 행동, 감정 등을 바라보면 이해가 더욱더 쉽게 된다.

전문가로 알려지기까지 관련된 많은 배경 지식을 습득해야 하고 지식을 습득하고 실무에 진행되기까지 큰 노력이 필요로 한다. 인류도 가만히 먹을 것을 기다린 조상보다 먹을 것을 찾으러 나갔던 조상이 생존하였고 후손을 남겼다.

인간의 시야를 보통 '육안', '뇌안', '심안', '영안'이라 구분한다. '육안'은 사물을 보고 형태나 이전의 기억을 찾아 이것이 무엇인지 지각하는 능력의 시야를 말한다. 사과를 보면서 동그랗고 빨간색을 띠고 있는 것을 알아차리는 것이다. '뇌안'은 이러한 사물의 과학적 특성, 맛이 시고 사람에게 어떤 영양분을 공급해 주고 어디에 사용할 수 있는가에 대한 인지하는 능력이다.

'심안'은 다른 사람의 마음을 읽을 수 있는 능력이다. '심안'을 가진 사람은 업무를 효율적으로 하고 사업을 하면 성공할 확률이 높다. 왜냐하면, 상대 즉, 고객의 생각에서 자신을 바라보기 때문인데 이것은 사물을 마음으로 보는 눈이다.

　　태권도장 지도자가 새로운 프로그램을 홍보할 때 고객인 학부모의 관점에서 얼마나 필요한지에 집중하면서 개발해야 하는데 지도자 본인이 원하는 프로그램을 강조하는 경우가 있다. 지도자가 어떤 훌륭한 프로그램을 도장에서 운영하느냐는 중요하지 않으며 학부모의 관점에서 얼마나 필요 하느냐가 중요하다.

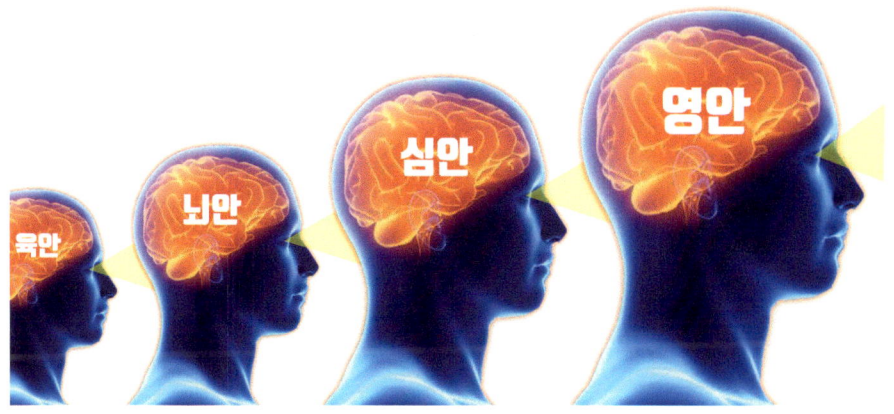

　　이것은 태권도장은 '물건을 파는 곳인가?,' '물건을 사는 곳인가?'에 대한 질문이나 다름없다. 지도자가 '물건을 파는 곳이다'라고 생각하는 관점에서의 운영은 실패할 확률이 있으나 '물건을 사는 곳이다'라는 관점에서 운영은 성공할 확률이 높다. '물건을 사는 곳이다'라는 관점은 고객이 무엇이 필요한지에 대해 집중하는 운영이다.

　　심안'의 발달은 우수한 공감 능력으로 무엇을 필요로 하는지에 대해 집중하므로 성공할 확률이 높은 것이다.

'영안'은 미래에 필요한 일이 무엇인지 계획하고 실행하는 능력이다. 남다른 문제의식을 느끼고 있는 사람이며 다각적인 사고력으로 주변에서 '통찰력이 있다'라고 말한다. 앞서 말한 바와 같이 '영안'을 갖춘 사람은 기술을 뛰어넘어 본질에 집중하는 사람이다. '영안'을 갖춘 사람은 그 사물의 성질에 관해 관심을 두고 성질이 다른 사물을 연결하기도 하고 구조화하거나 깨달음에 도달한 사람이다. 여러 가지의 지식을 끌어당겨 자기 연구와 연결하기도 하고 쉴 틈 없이 연구와 연구를 거듭한다.

대부분 사람은 '육안'과 '뇌안'을 가지고 있으며 이 네 가지 영역의 눈, 즉 시야는 곧 전두엽을 말한다. 전두엽이 발달할수록 '심안'과 '영안'이 발달할 수 있다. 나이가 많아진다고 저절로 습득하는 것이 아니라 많은 배경 지식과 새로운 지식을 연결하면서 전두엽을 자극해야 한다.

흔히 박물관에 같이 방문해도 외부 시설만 보는 사람, 신기하다고 감탄만 하는 사람, 박물관이 의미하는 철학을 보는 사람 등 다 다르다. 전두엽을 발달시킬수록 수준 높은 관점의 차이를 나타낸다.

3) 자기 발전의 벽! 행동 패턴

'행동 패턴'은 동물에서 볼 수 있는 일정한 틀을 지닌 행동이다. 행동은 무한정한 것이 아니고 종에 따라 또는 행동의 종류에 따라 일정한 틀을 갖고 있으며, 그것에서 크게 벗어나는 일이 없다.

인간의 뇌는 각각 다른 뉴런의 구조를 갖게 된다. 각각의 특색 있는 뉴런의 구조는 같은 생각과 사고, 행동, 습관에 의해 그 뉴런의 구조는 더욱 단단하고 굳어지게 된다. 그래서 패턴이 되고 패턴화되어 있는 본인의 생각에서 크게 벗어나는 일이 없으며 대부분 사고와 판단과 행동은 이 굳어진 패턴에서부터 시작된다.

누구나 생활이나 환경이 반복되면 그 환경에서 요구하는 의식과 습관을 갖게 되고 그 요구하는 의식과 습관이 일정 기간이 지속되면 정형화되고 행동 패턴이 된다. 이 행동 패턴이 강화되면 인간은 그 행동 패턴의 범위 안에서 사고하는데 그 범위 안에서의 사고가 옳거나 사실인 것처럼 생각한다.

인간은 통상 자신의 고유 행동 패턴에 갇혀 살게 되는데 행동 패턴에 따라 인간은 자신이 했던 학습이나 규칙, 습관의 신경 네트워크가 더욱 두터워지고 자신이 생각하는 것이 옳다는 판단을 한다. 또, 상대와 대화를 나누는데 너무 대화가 안 되는 나머지 '왜 저 사람은 저렇게밖에 생각 못 할까?'라고 생각이 들 때가 있다. '갇힌 뇌'에서 생각이 제한되어 있고 대화의 한계가 있을 때는 이유가 존재한다. 서로의 의사가 다른 관점이 발생했을 때 본인의 관점을 너무 강조하며 대화가 좀처럼 진행되지 않는 것을 볼 수 있는데 일종의 행동 패턴이라 볼 수 있다. 그래서 "착각의 뇌"라는 말이 생겼으며 그러한 행동 패턴의 착각 속에 습관대로 행동하고 삶을 유지한다. 그래서 회사의 대표가 되고 싶은 사람이 있고 단지 구성원으로서 만족하는 사람이 있다.

아마도 이런 생각과 경험을 한 번씩 해보았을 것이다. 어떤 일을 계획하고 진행하려 하는데 앞서 진행되었던 방식과 정형화된 의식에 방해받는 경험이다. 도장 운영을 시작하기 위해 여기저기 건물을 알아봤지만, 긍정적 면보다 부정적인 면을 보면서 포기하려 한 적이 있을 것이다. 막상 하려니 자녀가 아프다면서, 경기가 좋지 않다고, 경제 사정이 좋지 않다고, 지금은 바빠서 등 이건 이래서 안 되고 저건 저래서 안 되고 다양한 고민으로 자신을 합리화하고 자기가 진행하려고 하던 계획이 점점 포기하고 멀어진다면 자신은 부정적인 고유패턴에 갇혀 있는 것이다. 어떤 일을 실행하는데 일어나지도 않은 일을 걱정하고 미리 결과를 예측하고 일의 집행을 주저한다. 어떤 일을 계획하면서 문제가 아직 일어나지도 않았는데도 문제가 일어날 것을 걱정하고 갈등하면서 끝내 안되는 일이라 규정짓고 포기하는 사람들을 종종 본다.

그래서 이 행동 패턴에서 벗어나 창의적 생각과 행동을 하기 위해서는 우선 굳어진 두뇌의 네트워크를 변화시킬 필요가 있다. 이러한 단단하게 굳어진 네트워크를 변화시키기 위해서는 '패턴 깨기'를 시도해야 하는데 패턴 깨기의 매개는 좋은 강의, 책, 미디어, 멘토 등이 있다. 보통 '갇힌 뇌', '착각의 뇌'에서는 본인이 무엇을 모르고 무엇을 알아야 하는지를 모르는 경우가 많은데 위 요소들은 자기의 패턴을 깨 주는 데 중요한 역할을 한다. 행동 패턴을 깨기 위해서는 새로운 정보와 지식이 일조한다. 새로운 정보를 접하고 새로운 업무를 가지며 새로운 학습을 하고 새로운 강의를 찾아야 한다.

부모님이 공무원을 지냈으니, 자식에게도 공무원을 권유한다. 지구상에 존재하는 많은 직업 중에 자신이 해보고 가장 안전하다고 생각하기에 자녀들의 실패를 걱정하여 권유하게 된다. 자녀는 자기의 잠재력이 무엇인지 모르고 수용하고 다시 부모가 되어 자기 자녀에게 권유한다.

전문가들은 많은 실패를 겪어보라고 하고 조금이라도 더 젊었을 때 겪어보라 한다. 실패에서 경험이 만들어지고 만들어진 경험을 바탕으로 다음 일의 성공 확률이 높아진다. 이것이 인간의 본능인 '경험 학습'이다. 무엇을 해야 할지 고민이 되면 자신의 그동안 고민과 갈등으로 해보지 않았던 일들을 찾아서 실행하는 것이 도움 된다.

패턴을 깨는 방법으로 '안 해본 것, 못해본 것 해보기', '싫어하는 것 해보기'를 권유한다. 구체적으로 '안 해본 것 해보기', '싫어하는 것 해보기'의 예를 들면 대인관계가 힘이 들어 사람 만나는 것을 꺼린다면 다시 한번 인간관계를 넓혀보고, 기피 하는 음식이 있다면 기꺼이 먹어보고, 해보고 싶었던 공부가 있었다면 해보고, 해보지 않았던 스포츠가 있다면 익숙해질 때까지 경험하는 것이다.

시간이나 경제적 사정으로 해보지 못했던 것, 즉 친구 관계가 좋지 않아 경계했다면 사회적 경험을 더 쌓을 수 있도록 많은 사람을 만나서 대화하면, 자기 행동 패턴에 조금씩 '금'이 가는 것을 느끼게 될 것이다. 또, 책을 읽는 것을 꺼렸다면 책을 읽으면서 지식을 배양 해보고 그 지식을 통하여 좀 더 나은 사고와 판단을 할 수 있다. 여행을 가는 것을 두려워했다면 여행을 다녀보면서 견문을 넓히면 기존 사고의 틀을 조금씩 깰 수 있을 것이다.

이런 것 외에도 곧바로 진행할 수 있는 것들도 많을 것이다. 집안의 정리 정돈이 안 되었다면 정돈을 해보고 걷는 것을 싫어했다면 걸어보는 등 자신이 그동안 하지 않았고 못 했던 것을 실행하면서 기존의 틀이 조금씩 깨질 것이다.

이러한 방법은 기존의 신경망에 새로운 자극에 관한 신경세포가 생성되고 다른 신경세포와 결합한다. 결합한 신경세포는 새로운 신경망을 형성하며 다시 서로 관계있는 신경세포들과 연결을 시도하면서 신경망은 점점 확장한다. 신경망이 발달, 확장되면 현재보다 사고와 판단력이 훨씬 발전된 형태를 갖추게 되는데 이런 신경망이 많아질수록 유연한 사고와 입체적 사고가 좋아진다. 물론 행동 패턴이라는 것이 기존의 신경망이 견고하고 단단해서 틀을 깨기란 어렵고 큰 노력이 필요하다.

'장님이 코끼리를 만진다'라는 맹인모상(盲人摸象)'이란 말처럼 전체를 보지 못하고 자기가 알고 있는 일부분만 가지고 고집하는 지도자가 되어서는 안 된다. 왜냐하면, 지도자라는 직업의 특성이 배우는 수련생의 가치관을 성립하며 미래 설계에 중요한 역할을 하기 때문이다. 습관이 쉽게 생성되는 어린 시절의 수련생은 태권도를 배우면서 그것을 가르치는 지도자의 언행을 쉽게 습득하기 때문이다.

사람은 누구나 자기가 알고 있는 것이 전부인 것인 양 자기의식

속에서 이해하려 하고 고집하려 한다. 그러나 이해와 본질을 알기 위해서는 바른 지식과 깊은 지혜가 필요하다.

수련생을 통찰의 시선으로 본다면 나 자신의 지도 방향과 방법과 철학에 대한 점검이 필요하다.

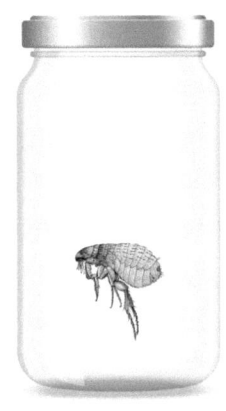

행동 패턴을 얘기할 때 줄곧 '코끼리의 밧줄'과 '유리병의 벼룩'을 비유한다.

코끼리는 어릴 때 밧줄에 묶여 잡힌다. 어린 코끼리의 힘으로 밧줄을 풀긴 힘들었으며 어린 코끼리가 벗어나긴 힘들었을 것이다. 하지만 코끼리는 시간이 지나면서 거대하고 힘이 세졌음에도 불구하고 탈출하지 못한다. 오랜 시간을 성장하면서도 스스로 풀지 못할 것이라는 의식에 굴복하고 만다. 발목에 가늘고 얇은 밧줄만 둘러도 뿌리치지 않는다. 행동 패턴이라는 것이 얼마나 우리의 의식을 좁게 만드는지 실감하는 대목이다.

미국의 저명한 학자 지그 저글러는 20~30cm를 뛸 수 있는 벼룩들을 7~8cm 높이의 유리병에 뚜껑을 달고 관찰하였다. 벼룩은 병 밖으로 나오기 위해 계속 뛰다가 병뚜껑에 머리를 부딪쳤다. 그렇게 일정 시간이 지나 유리병의 뚜껑을 없앴는데도 불구하고 더 이상 유리병보다 높게 뛰어 병 밖으로 나올 수가 없게 되었다. 일정 기간 지속된 제약이 행동 패턴이 되어 이제 더 이상 높이 뛸 수 없는 벼룩이 된 것이다.

우리가 행동 형태를 보이게 된 배경은 보통 가정환경에서 비롯된 경우가 많고 그 밖에 주변 지인, 또, 본인이 원한 일이 계속 잘 풀리지 않았을 때, 자존감이 떨어지고 자신을 낮추고 원망하면서 자신의 역량과 수준을 일정한 틀에 갖추게 되었다. 벼룩은 병 안에서의 행동 패턴을 틀에 갇혀 자신을 스스로 포기한 것이다. 그러나 저글러가 유리병에 불이 지지자 벼룩이 놀라면서 다시 유리병 위로 뛰어올라 밖으로 나올 수 있었다.

'코끼리와 밧줄', '유리병의 벼룩'은 우리의 행동 패턴이 얼마나 발전적인 방향을 방해하는지 말해준다.

태권도장의 지도자는 늘 같은 업무를 반복한다. 반복되는 차량 운행, 수련지도, 행정업무를 하면서 태권도장이라는 공간 안에 자신이 행동 패턴에 갇혀 있다는 사실을 인지하지 못하는 경우가 많다. 자신이 배우는 지식 안에서 생각하고 판단하는 패턴 형성으로 자기 발전에 부정적 영향을 준다.

또 새로운 교육에 대한 경계와 두려움으로 여태 계속해 왔던 교육을 반복하며 뇌의 행동 패턴에 갇혀 점점 경영 하락이라는 길을 맞이할 수 있다.

4) 두뇌에 관심을 가지면 모든 것이 쉽게 이해된다

'마음이 아프다'의 마음, '근육이 기억한다'의 근육, '몸이 말을 듣지 않는다'의 몸에서 마음과 근육과 몸이 의미하는 것이 무엇일까? 흔히 '마음이 아프다.' '마음이 슬프다'라고 하는데 우리의 '마음'의 정의는 성격, 품성, 감정, 의지, 생각, 기억, 심리, 사랑 등을 말하며 모두 뇌에서 일어나는 반응들이다.

마음이 아플 때 슬픈 자극이나 무서운 상황이 뇌에서 감지되면 뇌의 편도체와 시상하부를 자극, 활성화해 자율신경계가 반응하면서 코르티솔이라는 스트레스 호르몬을 분비하며 심박 수 증가, 근육 긴장, 혈압상승을 유발해 심장 주위에서 압박감이나 통증을 유발한다. 결국, 마음이라고 부르는 심장은 스스로 아프고 슬프다는 감각을 느낄 수 없으며 내, 외부 자극이 감각기관을 통해 뇌에 전달되면서 느끼게 된다.

또 많은 운동지도자가 자주 하는 말 중에 '근육이 기억한다.' '몸이 기억한다'라는 말을 자주 하는데 이는 같은 운동 종목을 일정 시기를 두고 다시 시작해도 그것을 빨리 진행할 수 있다는 말이며 이것은 반복된 작업으로 '비서술기억'의 하위 카테고리인 '절차 기억(procedural memory)'이 형성된 것으로 반복적인 학습으로 뇌 신경세포와 시냅스의 발달로 신경망이 견고하고 단단해졌다는 것이다. 그래서 예전에 했던 운동 종목을 다시 해도 접근이 쉬운 이유다.

근육은 기억을 관장하는 해마가 없으므로 기억을 할 수 없으며 절차 기억은 해마에서 단기간 저장했다가 대뇌피질에 저장한다. 또 '몸이 말을 듣지 않는다'라는 말은 생각대로 몸이 움직이지 않는다는 말이다. 피로나 노화, 질병으로 인해 원활한 신경전달물질 분비가 일어나지 않아 두뇌가 제 기능을 하지 못하는 데서 비롯된 말이다.

이처럼 뇌는 우리 신체의 장기 중 사령탑에 해당하며 뇌가 기능하지 않으면 연결된 장기들은 정지되어 버린다. 가령 자동차에서 운전자가 자리를 떠난다면 자동차는 꿈쩍도 하지 않는 것과 같은 상황이다.

두뇌를 알면 많은 인체에 대한 궁금증이 해결된다. 우리의 몸이 자동차라고 생각하고 운전자가 두뇌라고 가정한다면 뇌를 제외한 모든 장기가 자동차부품에 해당하며 자동차의 운전 습관, 자동차의 수리, 자동차의 사고, 자동차의 관리 등을 하는 운전자는 뇌에 해당한다.

뇌는 움직임, 행동, 습관, 신체 균형, 질병, 감정 처리, 정보를 연합하고 처리하며 기억, 학습을 관장한다.

두뇌에 관해 관심을 가진다는 것은 뇌의 변화, 즉 '신경가소성에 대해 학습하고 있다'라는 말로 대변한다. 신경가소성은 뇌가 학습이나 환경에 의해 변화하는 것을 말하며 이러한 뇌의 성질을 인지하는 것과 인지하지 못하는 것과 많은 차이를 나타낸다.

부모의 유전으로 질병이 발생했다면 우리는 대개 당연히 받아들이는 것으로 생각한다. 부모의 유전으로 질병이 생길 것이라 낙담하는 것이 아니라 포기하지 말고 예방할 수 있는 방법을 찾아 보완하는 것이 현명하다. 부모의 유전으로 성격을 고칠 수 없다고 생각하는 것, 머리가 나쁘다는 것, 운동신경이 둔하다는 것, 자신은 할 수 없는 일이라 단정 짓는 것 또한 마찬가지다. 유전도 일종의 변화 가능성이라 생각하고 얼마든지 나의 의식에 따라 변화할 수 있음을 인지하는 것이 좋다. 하지만 신경가소성이란 긍정적 효과만을 가져다 주지 않는다.

반대로 부정적인 사람을 친하게 지내거나 부정적인 생각을 습관처럼 하거나, 할 수 있는 일을 못 한다는 생각 또한 신경 가소성의 작용으로 의식이 부정적으로 되고 자신을 퇴화시킨다.

뇌는 전전두엽의 의식을 따라 긍정적으로 변화할 수도, 부정적으로 변화할 수도 있다. 그러므로 두뇌를 이해하면 인체의 문제 해결로 가는 다양한 알고리즘을 이해하게 될 것이며 보다 효율적인 문제 해결을 기대할 수 있다.

두뇌 계발을 하는 목적은 계획을 어떻게 구조적, 구체적으로 할지, 많은 정보를 어떻게 효율적으로 저장할 수 있을지, 시간을 어떻게 효율적으로 사용할지, 미래에 어떤 것이 가치가 있을지, 어떤 습관을 함양하고 제거해야 할지가 핵심이 된다. 사물을 보는 다양한 관점이 발생하며, 목표에 효율적으로 도달하는 정도의 차이가 나타나기도 하고, 감정 조절이 더욱 원활해진다.

또, 두뇌에 관해 관심을 가지면 새로운 경험과 학습을 통해 자기 두뇌가 변화하고 발달하게 되고, 기억력, 집중력, 문제 해결 능력을 높이며, 노화로 인한 인지 저하를 예방할 수 있으며, 신경전달물질의 이해로 의도적으로 유전된 DNA를 변화시킬 수도 있고, 스트레스를 줄일 수 있으며 우울증과 불안한 정서를 완화할 수도 있다. 자기 잠재력을 극대화할 수 있고 자존감을 높이고 삶의 만족도가 증가하는 것을 두뇌에 관심을 가지는 과정에서 일어난다. 꾸준한 두뇌 계발은 알츠하이머 같은 신경퇴행성 질환의 위험도 줄인다. 그러므로 두뇌 계발은 단순한 지능 발달 이상의 의미가 있다. 따라서, 두뇌 계발은 단순한 학습의 수준 정도가 아니라 정신 건강과 신체 건강을 모두 향상하는 근원이다.

뇌 발달과 인성교육

1) 내 아이의 성격 변화…. 가능한가?
2) 인성교육은 전두엽 발달

2. 뇌 발달과 인성교육

1) 내 아이의 성격 변화…. 가능한가?

　지도자들은 학부모와 상담할 때 "제 아이의 내성적인데 외향적으로 변화하게 해주세요!"라는 상담을 자주 받는다. 지도자는 태권도를 수련하면서 강인한 정신력을 길러줄 것이며 그것을 통해 자신감을 느끼게 될 것이고 자신감을 바탕으로 발표력도 향상될 것이고 지도력을 갖추게 될 것이라는 상담으로 대응한다. 여기서 발표력, 자신감, 지도력은 성격이 아니라 트레이닝 즉, 훈련으로 가능한 것이다.

　발표력을 예로 들면, 발표를 하지 않던 아이가 처음 발표할 때 가슴이 쿵쿵 뛰어서 너무 긴장한 나머지 발표 내용이 생각이 나지 않고 턱이 움직이지 않아 말이 제대로 나오지 않는 것을 경험하지만 반복하여 10번, 100번을 하면 점점 유연하게 발표할 것이며 발표할 때의 긴장감은 줄어들 것이다. 이것은 인간의 본능 중 '환경에 대한 적응'이라고 말할 수 있다.

　경계심이 많은 아이 부모가 걱정하여 분리불안을 염두에 둔 나머지 도장 입관을 갈등하고 망설인다. 이유는 '내 아이가 여기서 과연 적응할 수 있을까?'라고 생각하지만, 인간의 본능이 '환경에 대한 적응'이다. 이것은 인간의 학습을 한다는 본능과 맥락을 같이 한다. 모든 환경적 요인이 되는 기후나 음식, 질병 등에 대해 항상성을 발휘하며 적응해 왔다.

동물과 달리 인간은 서식지가 따로 존재하지 않는다. 다른 지역에서 현재 지역으로 이주를 해서 처음에는 매우 낯설고 어색해서 정서가 불안하고 안절부절못하지만, 시간이 지나면서 환경에 적응하면서 생활도 가능하다. 이제 인간은 지구를 떠나 화성에 가서 적응하려고 한다.

다만 태어나서 최초에 부모와 정서를 교감했기에 다른 사람들과의 정서를 교감한 경험이 부족하여 교감을 충분히 나눌 수 있는 시간이 필요한 것이다. 이때 부모는 정서 교감을 최초 부모와 했기에 경험 부족으로 다른 사람과 정서를 나누는 것을 경계하는 것이며 부모와 정서적 안정을 찾았다면, 동료들이나 집단에서도 안정을 찾을 수 있는 환경을 만들어 주고 협조해야 한다. 사회성이 발달한 학생이 발달하지 않는 학생보다 성적이 더 향상한다.

지도력 또한 마찬가지이다. 태권도장에서 진행되는 상대와 수련의 확장된 형태다. 태권도 수련은 원래가 혼자 수련이 아닌 상대와 의존적 수련이다. 이것을 바탕으로 하여 점점 그 크기를 늘려나가면 지도력의 향상을 기대할 수 있다.

그런데 성격은 부모의 DNA가 관여한다. 예를 들면 신경전달 물질의 도파민 계열은 외향성이며 모험심이 강하고 보상을 추구 하며 목표 의식이 강하다. 또, 창의적이며 혁신적인 새로운 아이디어를 즐기기도 한다. 이런 유형은 사업가, 예술가, 과학자 등 창의적인 문제 해결에 능력이 뛰어난 사람이 많다. 도파민이 낮은 유형은 내향적이고 신중한 성격이 주로 이루고 있으며 보상에 대해 적극적이지 않고 안정성을 중시하며 반복적인 패턴과 예측할 수 있는 환경을 선호한다. 변화보다 안정성을 중시하며 신중하게 행동한다.

노르에피네프린은 과도한 긴장과 경계, 불안의 수준이 높으며 친구 사귀기 등의 환경에 대한 적응 시간이 오래 걸린다. 스트레스에 쉽게 반응하며 지속적 과도한 각성으로 짜증을 동반하기도 한다. 신중한 성격이 주로 이루고 있으며 위험을 쉽게 감지하고 걱정이 많다. 완벽주의자들은 노르에피네프린 계열이다.

세로토닌 계열은 차분하고 성실한 성격이 많으며 감정이 안정적이고 스트레스에 강하고 충동 조절 능력이 뛰어나고 계획적인 성향이 많다. 사회적 관계에서도 협조적이고 친화적인 태도를 갖고 있다. 낮은 유형은 감정 기복이 심하고 스트레스에 취약하며 충동성이 높고 불안, 우울, 강박의 성향이 강할 가능성이 있다.

이렇듯 우리가 소위 성격이라고 불리는 것은 뇌 신경세포(뉴런)에서 분비되는 신경전달물질의 결괏값이다. 더 구체적으로 말하면 인간의 행동과 사고의 개인 차이는 신경세포의 시냅스에서 이루어지고 있는 신경전달물질의 성질, 생성량과 방출량, 수용체의 흡수량이나 재흡수 펌프의 재흡수량, 분해 효소량에 달려있다.

그래서 성격 변화는 유전적으로 물려받은 신경전달물질의 결괏값을 바꾸는 것과 같다고 할 수 있다. 그러면 성격을 변화 시키는 것, 교정을 시도하는 것은 불가능일까? 대뇌 기능의 '의도적 학습'으로 얼마든지 가능하다. 현재 상태의 시냅스 상에 일어나는 생리적 기전을 의도적으로 반대의 행동과 사고를 해가면서 습관으로 형성한다. 습관을 형성하는 과학적 시간은 약 66일 정도로 본다. 이때 전전두엽의 의식이 행위를 하는 본체와 동조하면서 신경전달물질을 분비하기 시작하고 장시간을 반복하면 관련 신경전달물질의 성격이 형성된다.

태어날 때는 선했지만 부모와 헤어져 아이가 도둑의 손에 성장하면서 도벽을 배우고 그것을 장기간 반복해서 그것이 당연한 것, 마냥 죄를 뉘우칠 줄 모른다면 유전적 요인보다 환경적 요인이 더 영향을 미쳤다고도 볼 수 있다.

서울 사는 사람이 경상도에 와서 사투리를 배우면서 사투리 억양이 강하니 행동 또한 거칠고 과감해지기 시작한다. 배우가 장기간에 걸쳐 배역의 성격을 소화했더니 배역의 성격에서 벗어나기가 어려운 것과 같은 맥락이다.

위의 발표력이나 자신감, 지도력이 발달하면서 언급한 내용과 같은 기전으로 습관이 되며 자기 성향에 관여한다. 고로 인간의 성격은 유전적 요인과 환경적 요인의 상호작용으로 형성되며 생애에 걸쳐 신경전달물질, 호르몬, 뇌신경 회로 변화 등의 생리적 기전에 의해 변화될 수 있다.

그러면 성격 변화든 좋은 습관이든 가장 영향을 많이 받는 시기가 어느 시기일까?

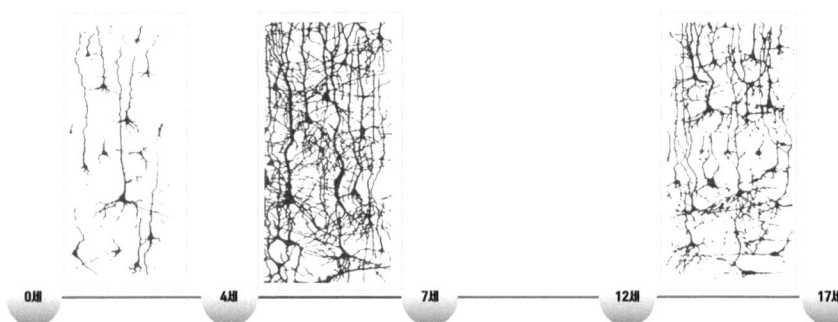

　위의 그림은 나이별 시냅스 밀도를 나타낸 것이다. 우리 뇌의 신경세포의 신경망은 과밀해졌다가 줄어들기도 하는데 출생 후 시냅스 밀도가 빈약하다가 7세에 오면서 신경다발이 폭발적으로 증가하는 것을 볼 수 있으며 17세 이르면서 점점 저하되는 것을 볼 수 있다. 유년기에 많아지는가 싶다가 청소년기에 신경망을 가지치기하며 저하되는 것이고 이 시기에는 전두엽 발달 가속화와 맞물려 자신이 필요하다고 생각하고 행동하는 신경세포만 증가하고 관심이 없는 분야의 행동과 사고는 점점 사멸되는 것이다. 즉 자신이 원하는 행동과 사고만 남게 되고 나머지는 가지치기한다.

　비유해서 말하면 수학, 영어, 과학, 국어 등을 공부하다가 관심이 없다고 생각하는 영어, 국어, 과학은 하지 않고 수학만을 고집하며 즐기는 맥락이다. 수학, 영어, 과학, 국어 등의 많은 학습을 받아들여 일정 기간 처리하면서 많은 뉴런의 신경망이 형성되었지만, 현재는 수학만을 하고 있다면, 필요로 하지 않는 영어, 국어, 과학 등에 관여했던 신경망 네트워크는 신경세포가 점점 사멸되면서 수학만 남고 나머지는 가지치기 된다. 당연히 영어, 국어, 과학으로 생성된 신경세포는 할 일이 없어지며 점점 사라지는 것이다.

또, 이 시기에는 자기 의사가 점점 뚜렷해지고 주위 사람에게 비추기 때문에 저항하는 것처럼 보이므로 흔히 '사춘기'라고 불리기도 한다. 그러면 신경세포의 다발이 많고 다양하다는 것은 많은 학습과 정보를 받아들이고 처리하는 것으로 해석된다. 3~7세의 신경 다발이 많은 시기에 종합적 사고가 발달하고 도덕적 행동과 습관을 길러주는 최적의 시기이다. 그래서 이 시기에 인성교육이 필수다.

청소년기에는 많은 학습과 습관보다 자신이 원하는 학습과 습관을 유지하다 보니 자신에게 필요하고 진행 중인 신경 가지들만 남고 나머지는 사멸한다. 그러므로 자신이 생각이 잘 되었던 잘못되었던 어떤 가치관을 가지고 청소년기까지 진행되면 아무리 유익하고 중요한 정보라도 잘 받아들여지지 않고 자신이 고집하고 원하는 학습이나 습관 외에는 변화를 불러오기 힘든 것이다. 결과는 인성교육의 시기는 유년기이며 청소년기에는 교정이나 행동수정이 어렵게 된다.

2) 인성교육은 전두엽 발달

현시대에 강조하고 대두되는 교육 중 하나가 바로 인성교육일 것이다. 하루에도 반복적인 청소년에 관한 사건 사고가 끊이지 않고 있다. 그래서 지도자들이 필요성을 느끼고 지도하고 있지만, 한시적으로 그치거나 일정 기간에 습관을 만들려고 관찰지도를 했으나 관찰지도를 할 때는 개선되는가 싶다가도 지도가 끝나자마자 원래대로 회귀 되거나 밖에서 하는 행동과 교육관에서 하는 행동이 다른 경우를 자주 경험하게 된다.

왜 이렇게도 인성교육의 지도가 어려운 것일까? 지도자들이 이런 인성교육의 중요성에 대해 알고 지도하고 있으나 사자성어를 가르친다든지 행동수정을 위한 사회적 기술을 가르치려 하지만 이것의 근본은 뇌 기능적인 문제로 '이해'와 '통찰'이 필요하다.

두뇌의 기능이 저하되면 문제를 이해하는 데 많은 어려움을 느끼고 또 왜 자신이 수정해야 하고 변화해야 하는지 필요를 느끼지 못한다. 그러면서 자연스럽게 뒤로 밀리게 되면서 또 어떤 시점에서 필요로 느낄 때까지 잠재적 문제 해결이 되고 만다.

지도자들이 인성교육을 하면서 많은 시간을 교육에 할애 했는데도 불구하고 왜 변화가 이토록 어렵고 안되는지, 근본적인 문제는 바로 '전두엽 기능'에 있다.

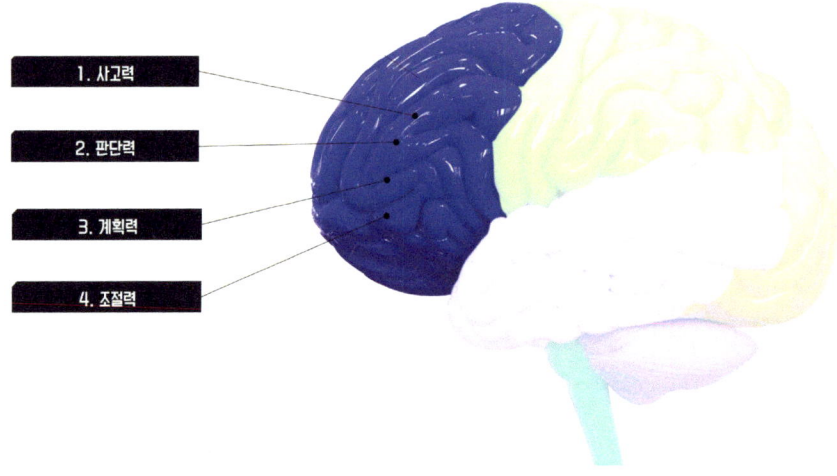

전두엽 기능에 대해 간단히 살펴보면 스스로 사고하고, 스스로 판단하고, 스스로 계획하고, 감정을 조절하는 기능 등이다. 전두엽은 일반적인 생각 즉, 아픔을 느끼는 통각, 피부에 느껴지는 감각, 사물을 인지하는 지각보다 사고를 깊이 할 때 자극된다. 흔히 곰곰이 생각한다는 말처럼 '생각 속의 생각'이 전두엽을 자극한다. 곰곰이 생각한다는 것은 사물이나 정보를 들여다보고 관찰하면서 파악하고 연결하려는 의도가 있다. 이때 전두엽은 자극 활성화된다.

우리의 삶은 어떤 선택을 하느냐에 따라 변화한다. 자신이 지금의 위치 즉, 현재의 성격, 직업, 대인관계를 유지하고 있는 것도 뇌 가소성의 영향 때문이다. 왜냐하면, 두뇌는 자신이 어떤 업무를 하는지 어떤 환경에 있는지에 따라 성질이 변화하면서 성장한다.

태권도 지도자를 선택한 것도 어릴 때 부모님의 권유나 아니면 친구를 좋아해서 같이 와서 태권도를 수련했고 지도자나 부모가 권유했거나 아니면 계속해서 해왔던 일이었기 때문에 직업을 가지고 현재 지금의 자신이 존재하는 것이다. 아마 부모님이 과학을 권유하거나 친한 친구가 과학을 같이 공부하자고 했으면 과학에 관련된 또 다른 자신을 발견할 수 있을 것이며 자기 부모님이 탐험가라고 가정한다면 또는 음악가였다고 한다면 전혀 다른 삶을 살 수도 있는 것이다. 어떤 선택을 하느냐에 따라 내 삶의 환경이나 질, 발전과도 밀접한 관계가 있다.

선택을 잘하는 사람을 우리는 어떻게 평가할까? 주변에서 사업을 잘하는 사람을 보고 '저 사람은 저렇게도 운(運)이 좋을까?'라고 생각하지만 절대 그 사람의 선택은 운(運)이 아니다. 반면 '왜 저 사람은 저렇게밖에 생각 못 할까?'라고 의문을 가진 적이 있을 것이다. 나와 같은 대학을 나오고 똑같이 공부했지만, 선택을 잘하는 사람은 상대적으로 선택을 못 하는 사람보다 전두엽이 더 발달하였다는 것이다. 나이는 같아도 전두엽 발달의 차이는 천차만별이라는 것을 부정하지는 못한다. 어떤 사람은 나이가 어려도 현명한 판단하는 반면, 어떤 사람은 나이가 많아도 분별없는 사고를 하고 행동하는 사람도 있다.

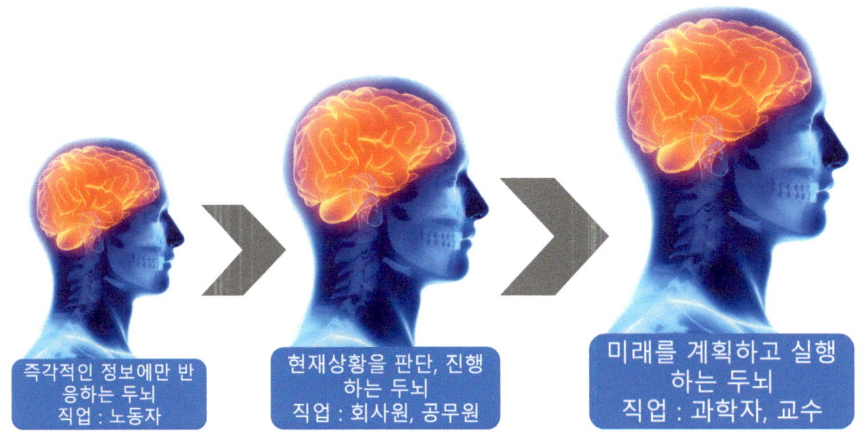

　전두엽 발달의 수준 차이는 직업군에도 많은 영향을 미치게 된다. 전두엽 발달이 제일 낮은 그룹은 주로 즉각적인 정보에만 반응하는 두뇌를 가졌고 직업군은 주로 노동자에 해당한다. 그들은 하루에 해당하는 업무를 계획하고 처리하며 장기적 계획은 부재인 경우가 많다.

　전두엽 발달의 중간층에 해당하는 그룹은 주로 현재 상황을 판단하고 진행하는 두뇌를 가졌고 직업은 회사원과 공무원이 해당한다. 그들은 월간, 연간의 업무를 계획하고 진행한다.

　전두엽 발달의 수준이 높은 그룹은 미래를 대비하고 계획하고 실행하는 두뇌를 가진 소유자로 직업은 과학자, 교수 등이 해당한다. 이러한 두뇌를 가진 사람은 수십 년 후에 다가올 미래에 필요한 일이 무엇인지를 분석하고 지금부터 어떤 일을 시작해야 하는지를 알고 실행에 옮기는 능력을 갖췄다.

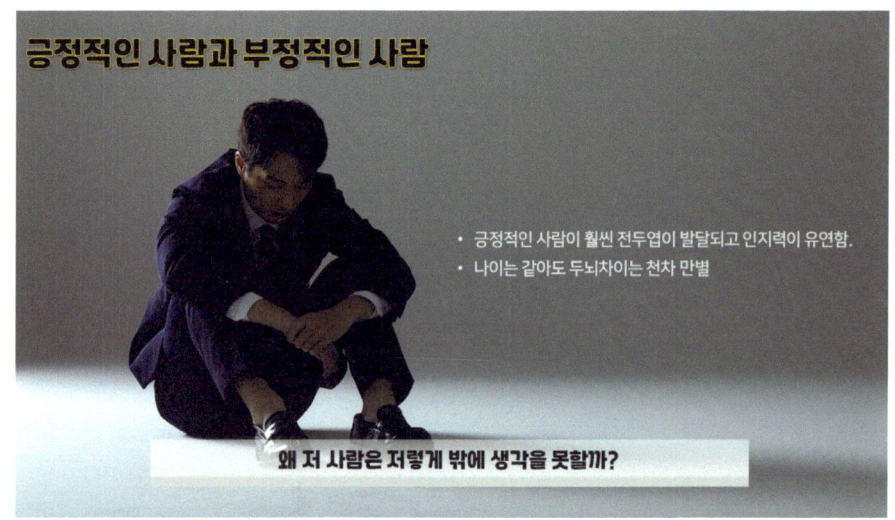

　부정적인 사람은 결코 더 나은 결과를 얻지 못한다. 부정적 성향은 자신을 더욱 나락으로 인도할 것이다. 긍정적인 성향은 현재는 좋지 않지만, 나은 미래를 위해 진행되기에 언젠가는 현재보다 좋은 미래를 맞이할 수 있다.

　예를 들어 지구에 대홍수가 시작되어 멸망한다고 가정한다면 부정적인 사람은 '이제 나는 죽었구나! 도피해야 뭐해 어차피 죽을 텐데…'라고 생각할 것이고 긍정적인 사람은 지금 현 상태에서 내가 어떻게 행동해야 직접적인 피해를 줄일 수 있을 것인가에 초점을 맞출 것이다. 이것은 일을 진행하는 데 있어 대단히 중요하며 해결되지 않는 일이 해결되기 위해 꼭 필요한 마음가짐이다.

부부 사이가 원만하기 위해선 전두엽이 발달한 사람이 이끌어주고 배려를 해줘야 관계가 유지된다.
전두엽기능이 발달된 사람이 지적하면 관계 유지 어려움.

　여기에 익숙한 그림이 있다. 부부가 서로 말다툼하는 모습인데 부부 사이가 원만한 관계를 유지하기 위해서는 서로의 눈높이 맞추면서 대화를 이끌어 가야 한다. 사람은 나이는 같아도 의식의 수준은 차이가 있으므로 자기가 좀 더 많이 지식적이다고 해서 대화의 우위를 가지려고 하면 관계에 실패할 확률이 높다. 보통 자기가 살아온 환경과 습관 속에서 배우자를 대입시키고, 보고 듣고 행동하는 데서 비롯된다.

　여기서 의식(意識) 수준이라 하는 것은 결국 전두엽 발달의 차이를 말한다. 그래서 관계를 조화롭게 유지하기 위해 전두엽 발달한 사람일수록 눈높이 맞추면서 대화를 이끌어 가야 한다. '왜 그것도 몰라?', '이렇게 하는 게 맞는 거야!'라는 배우자를 이끌려고 하면 관계를 유지하는데 어렵다.

　여느 단체에서 흔히 볼 수 있는 상황이다. 여기 싸우는 아이, 관망하는 아이, 편드는 아이가 있다. 여기서 가장 전두엽 기능이 낮은 아이는 어떤 아이 일까?

　가장 전두엽 발달이 저하된 아이로는 싸우는 아이가 되고 다음이 관망하는 아이, 편드는 아이, 말리는 아이 순이다.

　싸우는 아이가 전두엽 기능이 가장 낮은 이유는 싸우는 원인은 전두엽 기능인 억제와 조절을 못 했기 때문이다. 또, 가까운 미래에 어떤 문제가 닥칠 것인지 예상이나 예측을 못 하는 전두엽 수준을 보유하고 있다. 과연 자신이 친구랑 싸우면 어떤 일이 벌어질까? 선생님이 와서 야단칠 것이고 와전되면 체벌을 받을 것이고 싸움이 심해지면 부모님까지 개입하여 문제를 크게 만들 수도 있다. 결과적으로 어떤 긍정적인 효과도 없는 것이다.

그런데도 감정을 이겨내지 못하여 조절하지 못하고 문제를 일으키고 만다.

조절력이 강한 아이는 문제가 일어났을 때 문제의 핵심을 보는 눈이 있으며 감정적인 행동에 대해 신중하다. 감정을 조절하고 억제하는 것은 전두엽의 기능이며 전두엽이 발달할수록 억제와 조절력의 수준이 향상된다.

쓰레기를 버리는 사람, 쓰레기를 버리지 않는 사람, 쓰레기를 줍는 사람 중 어떤 사람이 전두엽이 발달하였을까? 쓰레기를 버리는 사람은 아마도 '나 하나쯤이야'라는 마음을 가지고 있을 것이다. 자기가 쓰레기를 가지고 있으면 당장 불편하기에 쓰레기를 버리는 것이고 자신이 버린 쓰레기로 인해 어떤 문제가 발생하는지 알지도 못하고 관심도 없다. 사실 이런 사람이 많아져서 지구가 위험한 것이다. 자신이 버린 쓰레기가 도시환경에 어떻게 작용할지에 예측하기 어렵다. 그러면 쓰레기를 줍지 않고 안 버린다고 해서 현명한 사람일까? 거리에 있는 쓰레기를 보면 쓰레기를 줍는 사람은 내가 힘이 들더라도 쓰레기를 주우면 거리가 깨끗해질 것으로 생각하므로 쓰레기를 줍는 것이다. 조금 힘들더라도 쓰레기를 주우면 많은 사람이 쾌적하고 깨끗한 거리를 다닐 것이라 예상하는 것이다. 그렇다면 쓰레기를 줍는 사람은 전두엽이 발달한 사람이다.

착한 일도 습관처럼 할 수 있는 일이 아니라 문제의 이해가 되어야 가능하다. 어른보다 전두엽 발달 저하되어 있는 어린이들은 판단, 사고보다 감정이 더 발달 되어 있다. 그래서 먼저 감정적인 부분을 담당하는 편도체가 활성화되므로 조절하지 못하고 행동하는 것이다.

보통 어른들은 어린이들에게 복도에서 조용히 해라, 뛰어 다니지 말라, 쓰레기를 주워라 등의 사회적 기술을 가르치는데, 행동수정에 관한 이해 없이는 발달이 매우 어렵다.

사실 이러한 사회적 기술보다 더 중요한 것은 기능적인 측면 으로 전두엽을 자극하고 발달시키는 일을 하지 않으면 앞선 사회적 기술들이 관찰 시간이 지나면 원래대로 회귀하며 무의미하게 된다.

이해한다는 것은 전두엽이 자극되었고 이해를 하면서 행동한다는 것은 점점 전두엽이 발달한다는 의미이다.

행동수정에 관한 이해가 동반되면 전두엽의 기능이 좋아지게 되면서 변화가 오게 된다.

그래서 전두엽 자극은 게임처럼 즉각적인 반응에 자극, 활성화되는 것이 아니라 어떠한 문제를 곰곰이 생각할 때 깊이 사고를 할 때 자극, 활성화되므로 문제가 발생할 시 그 문제를 보고 깊이 사고하며 자주 겪어보면서 그 경험을 통해 발달한다.

선택을 잘하는 사람과 선택을 못 하는 사람, 긍정적인 사람과 부정적인 사람, 가족관계가 좋은 사람과 좋지 않은 사람, 도덕적인 사람과 도덕적이지 않은 사람, 화를 잘 내는 사람과 화를 참는 사람 등이 모두가 전두엽 발달차이다.

그래서 인성교육을 하기에 가장 중요한 부분은 문제를 보고 깊이 사고하여 이해하는 데 있다고 볼 수 있다. 또, 전두엽을 자극하면서 문제를 보면 더 빨리 이해하게 된다. 전두엽을 자극하는 운동, 전두엽을 자극하는 독서, 전두엽을 자극하는 활동 등으로 전두엽을 활성화하면서 인성교육을 시도하면 더욱더 효과적이다.

"엄마! 나 지금 이거 해도 돼? 엄마! 안 가면 안 돼?"

도장에 가끔 수련생을 통해 들어 본 얘기들이다. 이것은 스스로 사고하고 스스로 판단하는 전두엽의 기능이 약하다는 얘기다. 현대 시대를 살아오면서 스마트 기기로 편리해졌지만, 반면 사람의 기억력이나 판단력을 오히려 도태되는 결과를 낳고 있다. 유치, 초등의 대부분 일과는 부모님의 담당하에 움직이며 전두엽 기능을 상실해 가고 있다.

아침에 일어나면 엄마가 잠자리를 정리하고 준비물도 엄마가 준비해 주고 자신의 학습도 학원 선생님이 도맡아 하고 자녀의 숙제까지도 부모님이 해주면서 뿌듯해하는 것을 대체 어떻게 이해해야 할까? 이것이 전두엽 기능 즉, 스스로 사고하고 판단하는 능력을 상실하는 결과를 초래한다.

스스로 사고하고 판단하는 능력이 저하되면 어떻게 될까? 인간의 본능인 생각하는 능력이 낮아지고 남에게 의지하려고 할 것이며 주위로부터 부정적인 피드백을 받는다.

좀 더 깊이 들어가서 전두엽 기능이 저하되면 어떤 일이 벌어질까? 감정적 행동을 유발할 수 있다. 문제가 발생하면 어떤 수련생은 생각을 깊이 하면서 행동하는 반면, 어떤 수련생은 생각할 겨를도 없이 반응한다. 상대에게 자극을 받으면 어떤 수련생은 해결 방법에 대해 많은 생각을 하게 된다. 그리고 자신의 선택이 잘못되었을 경우를 더 걱정하여 신중하게 된다. 하지만 전두엽 기능이 저하된 수련생은 받은 자극을 미처 생각할 겨를도 없이 바로 반응하여 일을 그르치게 되고 더 악화시키는 경우가 있다.

시험을 칠 때를 비교해 보면 전두엽 기능이 발달한 학생은 시험 치기 전부터 미리 계획적으로 공부를 할 것이다. 이번 주에는 시험 범위 어디까지 다음 주에는 어디까지 공부해야 하는지를 계획한다. 하지만 전두엽이 약한 수련생은 아마도 시험 치기 전날에 혼비백산 되어 여유를 갖지 못하고 어떤 과목 하나도 해결하지 않는 모습을 볼 수 있다. 이뿐만 아니라 여행을 갈 때 준비가 안 되어 있거나 외출할 때, 학교 준비물을 준비할 때도 거의 모든 일상생활에서 장애를 경험하게 된다.

유치원생들이 축구를 하게 되면 공만 보고 쫓아다니는 것을 볼 수 있다. 하지만 초등 4학년 이상이 축구를 하는 것을 보면 패스도 하고 공간을 점유해 나가는 것을 볼 수 있는데 이는 유치원생에게 생각하는 뇌, 전두엽 기능이 약해서 시각을 통한 즉각적인 정보에만 관심을 두고 순간적인 판단력이나 의도적인 운영 능력이 낮기 때문이다.

칭찬보다 보상시스템(Reward system), 보상보다 피드백(Feed back)

1) 칭찬보다 보상시스템(Reward system), 보상보다 피드백(Feed back)
2) 무의식 자동화(unconscious automation)와 경영과의 관계
3) 목표를 위한 구체적인 피드백

3. 칭찬보다 보상시스템(Reward system), 보상보다 피드백(Feed back)

1) 칭찬보다 보상시스템(Reward system), 보상보다 피드백(Feed back)

가르치는 직업을 가진 모든 지도자는 지도할 때 어떤 칭찬이 더 유익한지 효과적인지 공통적인 고민을 한다. 좀 더 구조적인 칭찬을 통해 의욕을 가지고 태권도 수련에 활기를 불어넣고 지속적인 도전을 요구한다. 그래서 인간은 어떤 심리적 물리적 환경에서 어떤 정보에 관심을 나타내고 어떤 작용으로 목표에 도달하고 효과를 얻을 수 있는지를 이해하면 좀 더 구체적이고 계획적인 칭찬을 할 수 있을 것이고 단기적 목표와 장기적 목표를 위해 어떠한 칭찬을 해야 하는지 알 수 있을 것이다.

일반적으로 '칭찬은 고래도 춤추게 한다'라는 표현을 한다. 그러면 우리는 고래가 왜? 칭찬에 춤을 추는지 알려면 보상시스템을 알아야 하며 보상시스템이 어떤 메커니즘으로 작용하는지 알려면 피드백을 알아야 한다.

어느 날, 회사 동료를 도와주고 "당신 덕분에 일이 정말 수월해졌어요!"라는 말을 들었을 때 우리는 흐뭇함을 느끼며 보상회로의 작동으로 도파민이 분비되면서 다음에도 돕고 싶어 하는 욕구가 발생할 것이다. "말 한마디로 천 냥 빚을 갚는다"라는 속담이 있는데 말을 어떻게 했길래 말 한마디에 천 냥 빚을 갚을 수 있었을까? 그만큼 칭찬은 보상회로를 자극하고 어마어마한 힘을 발휘하며 도파민, 엔도르핀의 분비에 취하여 감동적인 말을 들으면 자기도 모르는 새 받지도 않은 천 냥을 거절하게 한다.

보상시스템은 뇌에서 쾌락, 동기부여, 학습, 행동 조절을 담당하는 신경 회로다. 특정 행동을 수행할 때 도파민(dopamine)과 같은 신경전달물질이 분비되며, 이를 통해 행동이 강화된다. 보상시스템에서 중요한 작용을 하는 도파민은 수련생이 새로운 동작, 교육과정, 기술을 획득할 때이며 이는 지속해서 목표에 도달할 수 있는 원동력이 되고 기술을 이해하고 기억할 수 있도록 도와준다. 또, 동작, 기술, 과정을 보상하고 강화하고 반복하여 목표에 다다를 수 있도록 의지와 도전을 촉진한다. 반대로 실패나 부정적인 경험을 할 때 감소 되며 재도전할 의지를 잃게 되기도 한다.

피드백은 보상시스템이 학습과 행동을 수정할 때 중요한 역할을 한다. 피드백을 통해 보상을 예측하고, 이에 따라 행동을 조정하며, 보상시스템은 피드백을 강화 또는 약화하는 서로 상호적인 역할을 한다. 피드백은 행동 결과에 대한 정보를 제공하며 보상시스템은 이를 처리하여 도파민을 분비하고 학습을 유도한다. 긍정적 피드백(positive feedback)은 도파민 증가를 유발하여 해당 행동을 강화한다. 부정적 피드백(negative feedback)은 보상 예측 오류(RPE,

Reward Prediction Error)를 통해 행동을 수정하도록 유도한다. 예상보다 실제 보상이 크면 도파민이 더 많이 분비되고 해당의 행동이 강화된다.

시험 후 좋은 점수를 받고 칭찬을 들으면 공부에 대한 동기부여가 강화되며, 운동 후 상쾌한 기분이 들면 운동 습관이 강화된다. 반면 예상보다 실제 보상이 작으면 도파민이 감소 되고 행동을 조정하도록 유도한다. 시험 성적이 기대보다 낮으면 공부에 대한 의욕이 저하되거나 공부 방법을 바꾸려는 동기가 생길 것이고 물질적 소비 후 후회가 크면 다음에는 충동구매를 줄이려고 할 것이다.

피드백은 외적 피드백(extrinsic feedback, 외부 보상)과 내재적 피드백(intrinsic feedback, 내부 보상)으로 나뉘는데, 내재적 피드백은 외부 보상 즉, 금전, 칭찬, 점수와 같은 매개가 없어도 자기 자신이 경험하는 자체적인 만족감과 성취감, 도전 의식에서 얻어지는 피드백이다. 자율성(autonomy), 유능감(competence), 목적의식(purpose)과 같은 요소가 동기를 강화 한다. 예를 들면 어려운 문제를 풀었을 때 "아! 해냈다!" 하는 기쁨을 느끼고 그림을 그리면서 몰입하는 과정에서 얻는 만족감, 운동 후 몸이 가벼워지는 느낌, 새로운 기술을 익힐 때의 성취감 등이다.

내재적 피드백과 외적 피드백은 보상이라는 공통적 목표는 뚜렷해도 많은 차이를 나타낸다. 먼저 보상의 근본이 다른데 내재적 피드백은 자기 자신의 만족과 성취감에 있으나 외적 피드백은 돈, 점수, 칭찬을 매개로 한다. 내재적 피드백은 지속적이고 장기간 동기가 유지되지만, 외적 피드백은 외부 보상이 사라지면 동기가 저하된다. 즉, 내재적 피드백은 공부 자체가 재미가 있는 것이고 외적 피드백은 상을 받기 위해 공부하고 목적 달성 후 보상을 기대한다.

운동에서 작용하는 내재적 피드백은 기술을 습득하는 과정에서 동작을 조절하기 위하여 감각 정보를 사용하는 것으로 과제 수행하는 동안 혹은 과제 수행 이후 학습자가 받고 처리하는 감각 정보를 말한다. 동작이 실행되는 동안 발생하는 감각 정보로써 목표한 동작과 실제 수행된 동작의 차이에 대한 시각적, 청각적, 운동 감각적 정보를 환경과 신체를 연관시켜 본인 스스로에게 제공하는 자극이다. 피드백은 수행 자체에 대한 정보를 제공하기도 하고 수행 오류에 대한 정보를 제공하기도 한다. 피드백을 통하여 학습자는 오류를 수정해 나간다. 신경계는 수정을 통해 과제 수행력을 향상한다.

피드백은 '생활 또는 삶'이라고 표현하고 싶다. 이유는 신체가 움직일 때 작업할 때나 운동할 때 전전두엽에서 끊임없이 감각신경을 통한 자극, 정보를 전두엽에서 연합, 통합시키며 행동을 유도하므로 인간이 아침에 눈을 뜨고 각성한 다음 시작되는 모든 정보에 관한 프로세서가 피드백에서 발생한다.

　다음 그림을 보고 어떠한 피드백을 느끼는가? 산길의 중간에 서서 내리막길과 오르막길을 쳐다보면서 어떤 생각을 할까? 아마도 체력이 아직 충분하고 의지가 있다면 오르막을 선택하여 산 정상을 향해 가겠지만, 체력이 떨어지고 의지가 없다면, 내려가면 편할 것 같은 데 목표에 도달하지 못했다는 아쉬움이 있을 것이고, 올라가면 힘이 많이 들겠지만, 목표에 도달했다는 성취감을 느낄 것이라 예상한다.

10억을 받을 수 있는 확률이 50%고 1억을 받을 수 있는 확률이 100%이면 어떤 선택을 할까? 10억을 받으면 좋겠지만 확률이 절반으로 50%이고 반면 1억을 받을 수 있는 확률은 100%다. 하지만 우리 뇌로 들어오는 피드백은 확률이 50%나 되는 10억을 놓치고 싶지는 않을 것이다. 반면 절반의 확률이라도 못 받을 가능성이 절반이나 남아 있으니 확실한 확률을 보장하는 1억이 좋다고 생각한다. 그리고 1억을 선택한다면 당연히 10억에 대한 후회가 남을 수밖에 없을 것이다. 우리는 두 가지 고민과 갈등에 관한 피드백을 받게 된다.

　　시험을 자주 친다면 불안을 자주 경험할까? 시험을 3개월에 한 번 친다면, 한 달에 한 번 친다면, 1주일에 한 번 친다면 시험의 주기가 빨라질수록 고통스러울 것 같지만, 사실은 오히려 더 흥미를 느끼게 된다. 물론 시험은 즐겁지 않고 한번 실수가 평균의 큰 오점으로 작용한다. 하지만 시험 횟수의 증가가 수험생들의 고통과 비례하지 않고 오히려 시험 중의 실수를 줄이고 긴장을 낮춰 오히려 즐기게 된다. 또, 자주 시험 성적에 대한 피드백은 공부 과정의 흥미로 작용하여 목적을 더욱 강화하고 계획을 더욱 구체적으로 세울 수 있다.

오히려 연 2회의 중요한 시험보다 자기 성적에 대한 피드백이 자주 옴으로 더 즐겁게 공부할 수 있다는 것이다. 공부에 흥미를 느끼지 못하는 이유는, 수능이 최종 목적이라면 자신의 현재 어디에 위치하고, 어디까지 진행 중이고, 어디까지 목표로 공부해야 하는지에 명확한 피드백이 없기 때문이다. 잦은 시험은 자신의 시험점수를 알고 목표나 계획을 세우기도 한다. 피드백은 단계별 구체적인 피드백과 최종목표 등이 중요하다.

다음은 영화 장면에서 나오는 학교의 체벌이다. 과거의 학교 선생님이 지각한 학생들을 '매'로 체벌하는 모습이다. 이때 먼저 맞는 사람과 나중에 맞는 사람의 고통과 통증의 차이는 있을까? 일정한 강도로 체벌했다면 먼저 맞는 사람이 더 아플까? 아니면 나중에 맞는 사람이 더 아플까? 아마도 나중에 맞는 사람이 더 아플 것이다. 이유는 앞서 체벌 받은 학생들의 고통을 간접적으로 체험하며 긴장과 공포를 더 느꼈기 때문이다.

운동이나 스포츠 경기에서 긴장을 고조시키는 피드백 방법은 선수의 집중력을 극대화하고 경쟁심을 자극하는 데 효과적이다. 그러나 과도한 긴장은 경기력 저하로 이어질 수 있으므로 신중한 균형이 필요하다. 피드백은 학습이든 운동이든 흥미 요소로 작용하기도 한다. 지도자는 수련생이 도장에 소속감을 증대하고 흥미를 잃지 않기 위해 놀이 수업을 진행하기도 한다.

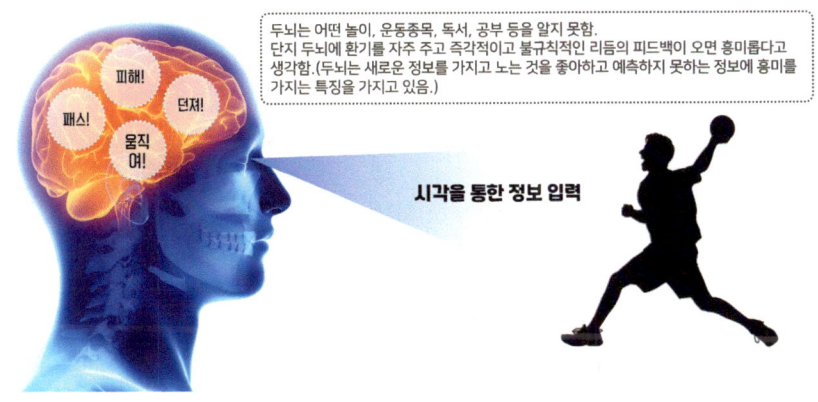

　많은 놀이 수업 중 대표적 하나가 피구 경기인데, 피구의 어떤 요소가 수련생의 흥미를 자극하는지 알아보면, 수련생은 "축구가 재미있다.", "피구가 더 재미있다"라고 하지만 두뇌는 흥미를 자극하는 종목이 어떤 놀이인지, 운동 종목인지를 구별하지 못한다. 이 말은 두뇌는 어떤 종목이나 놀이의 특징에 반응하는 것보다 두뇌의 흥미를 느끼는 성질에 대해 반응한다. 단지 두뇌에 환기를 자주 주고 예측하지 못하고 불규칙한 리듬의 피드백이 오면 흥미롭다고 느껴지고 반응하는 것이다. 쉽게 말하면 자극의 느낌이 좋은 것이고,

좋아서 의욕이 생기는 것이고, 의욕이 생겨서 하고 싶고, 하고 싶어서 집중되고 더 잘하려고 몰입과 긴장이 동반되는 것이다.

영화나 드라마를 보더라도 뻔하게 예측되는 장면이나 결말에 대해서 '재미없다'라고 평가하지만, 장면이나 결말이 예측할 수 없을 때 '재미있다'라고 느낀다. 두뇌는 정보가 새로울수록 빠른 집중을 보이고 늘 보는 것, 늘 자극받는 것에는 흥미를 느끼지 않는다. 그래서 아무리 재미있는 운동 종목이고 절실히 원하는 놀이도 자주 하면 싫증을 내는 이유다. 학습이나 운동, 스포츠를 할 때 처음에는 흥미를 느끼다가도 알고리즘에 대해 훈련하고 학습되면 흥미가 점점 떨어진다. 그래서 좀 더 어려운 학습의 알고리즘을 제공하여 흥미를 느끼며 계속 학습이 진행되길 바란다.

피구는 훈련을 통해 알고리즘을 학습했음에도 예측할 수 없는 내재적 피드백을 제공한다. 이는 탁구, 배드민턴, 축구 등이 유사하다. 상대가 공을 잡으면 수비자는 가까이서 공을 맞는 것보다 멀리 떨어지는 것이 생존에 유리한데 이때 어디로 공이 올지 예측하기 어렵다. 수비수인 자신의 뒤 라인에 걸쳐있는 공격자에게 패스할 수 있고 아니면 직접적인 공격을 할 수 있는데 자기의 포지션이 어디로 향해야 안전해지는지도 선택도 해야 하고 공을 잡을 것인지 피할 것인지 포지션을 이동해서 누구에게 던져야 하는지도 예측하기 어렵고 순간적으로 판단해야 한다. 이러한 예측하지 못하는 피드백이 감각기관을 통하여 자주 제공되고 두뇌가 이 정보를 처리하기 위해 탐색하는 혼란을 겪는 상태가 바로 피구로 느끼게 되는 흥미다.

다음은 아이들이 닭싸움하는 장면이다. 단지 심판이 없는 상태에서 승리하면 좀 성취감이 덜 할 것이다. 그래서 심판이 있는 상태에서 승자를 인정해 주는 것이 더 긴장과 승리감이 고취된다. 관중이 없는 경우보다 관중이 있는 경우가 닭싸움의 긴장도를 높일 것이다. 점수판이 있는 경우와 점수판이 없는 경우도 경기의 흥미도나 긴장 면에서 차이가 날 것이다. 그러면 각각 조를 구성하고 대표 한 명씩 선출해 닭싸움한다면 어떻게 될까? 아마도 조가 이기기 위해

응원도 하고 대표로 나선 대표선수는 긴장을 더욱 할 것이고 경기가 과열되고 승리하면 소속감이나 성취감은 몇 배가 될 것이다.

단지 승자가 승리하는 성취감보다 외적 보상에 관여하면서 승리하는 조에 상품을 준다면 어떻게 될까? 대표로 나선 선수들은 너무 긴장한 나머지 몸이 말을 듣지 않는 것을 경험하고 실수를 유발할 것이다. 각 국가를 대표해서 경쟁하는 올림픽 경기는 어떠할까?

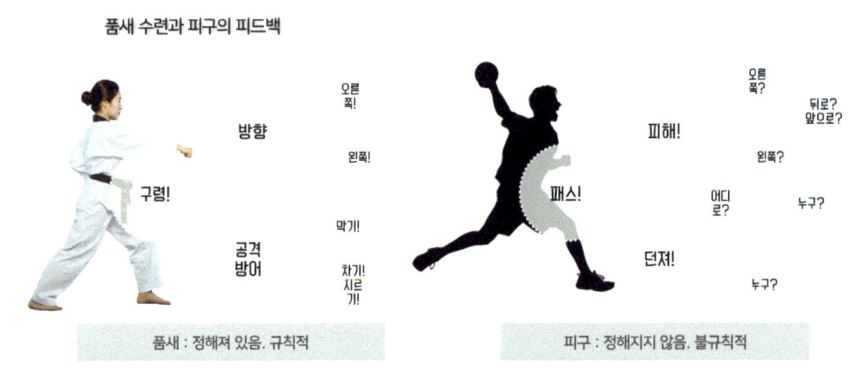

다음은 태권도 품새를 지도할 때와 피구를 할 때와 피드백의 차이를 나열하였다. 태권도 품새를 지도할 때는 주로 구령을 통한 지시에 의해 한 동작씩 지도한다. 순서가 정해져 있으며 익숙해질수록 흥미도 낮아진다. 피구는 순서가 정해져 있지 않고 언제, 어디서, 누가 누구에게 공을 피할 때도 어디로 피할지 예측할 수 없는 상대의 상황에 맞게 그때마다 즉각적으로 판단해야 한다. 정해져 답변과 그 답변을 알고 있을 때 흥미의 정도가 떨어진다. 아무리 재미있는 영화도 두 번 보기 힘든 것은 이미 알고 있는 내용이기 때문이다.

그러나 피구는 시작부터 끝날 때까지 경기가 흐름이나 과정, 결과를 예측하기 어렵다. 그러한 모든 상호작용이 흥미를 끌어내는 요소이다. 그래서 품새를 지도할 때 집중을 하지 않는다고 수련생의 의지와 결부를 시키는 것은 무리가 있으며 지도자의 지도 방법이 집중을 유도할 만한 흥미가 있는 구조적인 수업 방법인지를 점검해 볼 필요가 있다.

※ 피드백을 강화하는 단계

1) 1:1 경기와 단체경기인 경우
2) 심판이 있는 경우와 없는 경우
3) 관중이 있는 경우와 없는 경우
4) 조별 대표선수를 선출하는 경우
5) 점수판이 있는 경우와 없는 경우(SCORE)
6) 우승상품이 제공되는 경우와 제공되지 않는 경우
7) 음악이나 신호음이 제공되는 경우

2) 무의식 자동화(unconscious automation)와 경영과의 관계

무의식 자동화는 반복적인 행동이나 사고 패턴이 의식적인 노력 없이 자동으로 실행되는 현상을 의미하며, 이는 습관, 조건반사, 또는 자동화된 인지 프로세스로 나타날 수 있으며, 신경 가소성과 학습의 결과로 형성된다. 학습의 단계, 학습의 결과에 도달하기 전에는 관련된 여러 알고리즘을 처리하느라 신경가소성을 촉진하지만, 학습의 결과에 도달하고 반복되면서 신경가소성이 저하되고 자동화가 된다.

무의식 자동화는 뇌의 신경회로가 특정 패턴을 학습하고 강화하는 과정에서 발생한다. 기저핵은 습관과 자동화된 행동을 조절하는 역할을 한다. 반복된 행동이 학습할수록 기저핵이 개입하여 점점 의식적 노력이 필요 없어진다. 초보 운전자는 모든 운전에 관계된 행동을 의식적으로 수행하지만, 숙련된 운전자는 자동화된 의식으로 운전을 수행한다. 자전거를 타는 것이 익숙해지기 전에는 모든 의식이 자전거가 넘어지지 않기 위해 자전거의 균형에 집중되지만, 자전거 타기의 균형잡기가 익숙해지면서 의식이 낮아지고 자전거를 타면서 스마트폰을 본다든지 음악을 듣는다든지 등이 가능해진다. 수학의 복잡한 개념이 반복된 학습으로 자동으로 떠올리는 것을 경험하기도 하고 어떤 특정 음식을 떠올릴 때 음식의 생김새, 맛, 향,

식감을 자동으로 떠올리며 처리, 즉 재구매할 것인지도 미리 평가가 가능하다.

모듈화된 행동을 반복하면 신경세포의 시냅스의 연결이 강화되면서 뇌의 낮은 에너지로도 실행을 가능하게 한다. 스포츠 선수들은 새로운 동작을 익히는데 처음에는 많은 에너지가 사용되지만, 반복 숙달되는 과정에서 즉, 동작 익히기, 반복 숙달하기, 경기에 대입하기의 단계로 자동화가 되어간다. 매일 같은 시간에 운동을 하면 처음에는 힘이 들고 포기하고 싶은 생각이 들다가도 어느 시점에서 습관이 되어 별로 노력하지 않아도 가능해진다. 무의식 자동화를 가장 쉽게 느끼는 것은 매일 같이 지하 1층에 주차를 하고 엘리베이터를 타고 아파트를 올라왔지만, 어느 날 지하 1층이 만차가 되어 지하 2층에 주차했지만, 다음 날 출근할 때는 지하 1층의 버튼을 누른다. 의식적 노력이 필요 없어진다는 것은 의미가 없다는 것이고 의미가 없다는 것은 흥미가 없다는 것이다. 뇌는 흥미가 있고 의미가 느껴지는 것에 반응한다.

반대로 무의식 자동화를 이용하여 우리의 나쁜 습관을 낮추고 올바른 습관을 반복하여 새로운 패턴의 자동화도 가능하다. 아침에 늦게 일어나는 것을 반복하지만 의도적으로 일찍 일어나는 것은 처음에는 힘들고 큰 노력이 필요하지만, 점점 익숙해지면서 자동화가 되고 별다른 노력 없이 가능해진다.

태권도 품새를 수련할 때 지도자가 "하나!", "둘" 구령을 붙여가며 수련생을 열심히 지도하지만 새로운 동작을 배우는 초기에는 의식적 노력이 매우 필요로 하고 흥미도 동반되지만 반복하면 할수록 의식적 노력은 낮아지고 흥미도 떨어지게 된다. 따라서 무의식 자동화는 우리의 운동, 학습, 생산성을 효율적으로 만들기도 하지만, 무분별한 자동화는 부정적 영향도 미친다.

예를 들어 발차기하더라도 "자! 여러분들이 마음속으로 3번을 차고 자세를 바꿀 때 기합을 넣어보세요!"라고 얘기하면 아이들은 의식을 갖고 수업할 것이다. 스트레칭을 하면 이완되는 근육이 어딘지를 가르쳐주고 근육을 모르면 촉지(觸指)를 사용해서라도 의식을 가져가도록 하는 것이 도움이 된다.

하루에도 수련생의 의식을 가지고 집중하는 시간이 많으면 주의와 집중이 향상될 것이다. 반대로 자신의 의식을 남에게 빼앗기는 형태, 지도자의 반복된 피드백, 스마트폰에 의식을 빼앗기는 경우는 무의식이 만연한다. 결국, 무의식이 만연하면 스스로 의식(Self)이 낮아지고 수련생은 주도적인 역량을 발휘하지 못하고 누군가에게 부정적인 피드백을 받는 아이로 성장한다.

수련생의 '무의식 자동화'는 도장경영과도 밀접한 관계가 있다. 무의식의 수업 시간의 비율이 높으면 퇴관하는 수련생이 많을 것이다. 뇌 속에 들어오는 정보가 반복적이다 보니 뇌에 환기가 되지 않고 전두엽이 생각을 하지 않아도 진행되니 흥미가 떨어지고 흥미가 떨어지면 수련을 그만두게 된다. 수업의 종류가 무엇이든 수련생 스스로 의식을 가져갈 수 있도록 해야 목표에 빨리 도달하고 성취감도 높아지는 것은 당연하며 앞서 언급한 '전전두엽의 의식'과 같은 맥락이다.

3) 목표를 위한 구체적인 피드백

토요일, 일요일, 주말이 기다려지는 무엇일까? 아마도 월화수목금을 지나면 달콤한 휴식이나 취미활동을 할 수 있는 토, 일요일이 있어서 일 것이다. 현대인들은 평일에는 과도한 업무로 여유시간이 없기에 주말이 기다려지고 '불타는 금요일'이라는 신조어가 생겨난 것은 업무를 위한 한 주가 지나가고 금요일 저녁에 여유시간을 가져도 이후에 주말이 기다리고 있기 때문이다. 하지만 회사가 오후 1시 이후에 퇴근한다면 충분한 여유시간이 주어질 것이고 휴식, 취미와 운동이 가능해지면서 주말을 기다릴 이유가 점점 사라질 것이다.

언급한 대로 인간은 예측하지 못하고 자주 오는 피드백을 즐긴다. 지도자가 목표를 장기적으로 길게 가져가려고 하는 이유는 목표가 멀리 있으면 그 목표를 달성하기 위해 오랫동안 도장 수련을 할 것으로 생각한다. 하지만 이것은 오류이며 장기 목표를 세우되 구체적인 단기 목표를 세우는 것이 더 중요하다. 주 수련층인 저연령 수련생에게는 연간 1번 있을까 말까 하는 승품단 심사나 미래의 교육지도자가 될 수 있다는 피드백은 막연하며 목표에 도달하기 전에 포기하는 수련생이 많을 것이다.

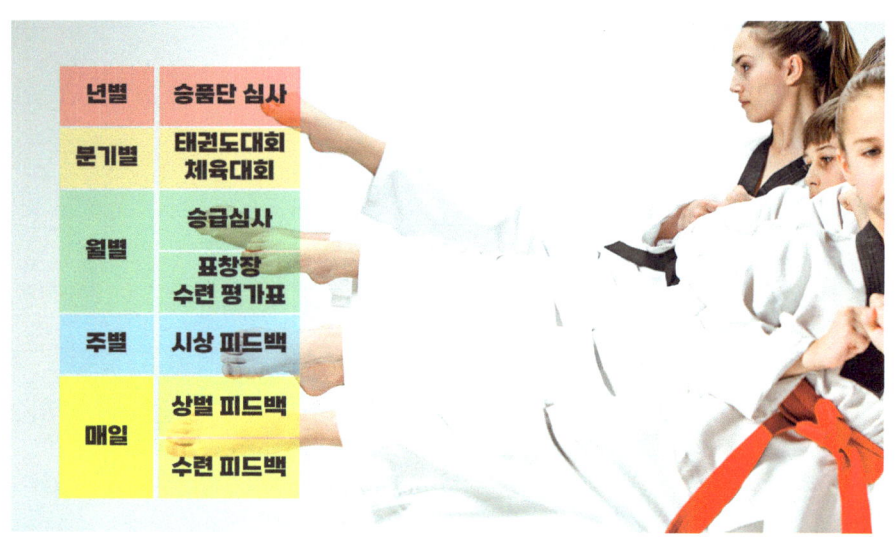

　승품단 심사가 1년을 단위로 했을 때 최종목표라고 하면 분기별에서는 태권도대회, 체육 대회, 월별에서는 승급심사, 표창장, 수련 평가표를 수련 일주일 이후에는 일주일에 대한 평가나 시상에 대한 피드백을 매일은 칭찬이나 보상에 관한 상벌 피드백을 그것보다 더 중요한 핵심은 수업 그 자체가 흥미로운 피드백이다.

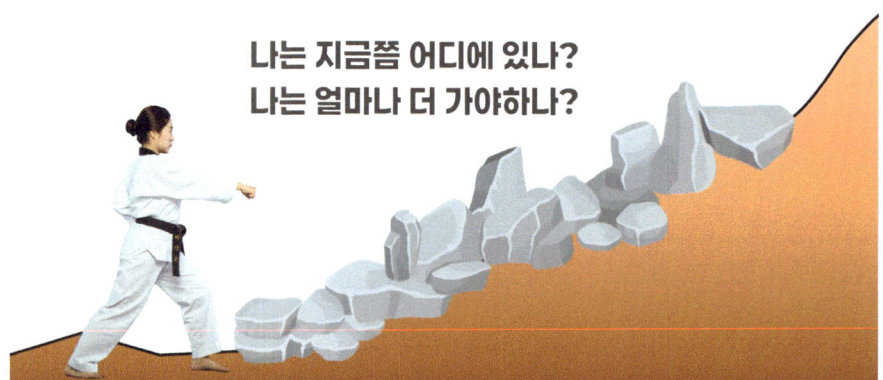

지도자가 평가표를 작성하여 수련생, 학부모에게 전달하는 것은 수련생 자신이 현재 어떤 부분을 잘하고 있고 어떤 부분을 보완해야 하는 것인지 수련 정도를 가늠하는 정보를 제공하기 위해서다.

산을 등반한다고 가정해 보면 정상에 도달하기 위해 자신은 지금쯤 어디에 있는지, 얼마나 더 가야 하는지를 의식하며 산에 올라가고 있을 것이다. 수능을 공부하는 학생들이 공부를 포기하는 이유 중 하나가 도대체 자신이 언제까지 공부해야 하고 자신이 최종목표에 다다르기 위해서는 현재 자신이 어디까지 진행 중인지의 피드백이 없기 때문일 수 있다. 이런 막연한 답답한 상황 속에서 공부하고 있으니, 의욕이 저하된다. 구조적이고 구체적인 피드백은 우리 뇌의 보상회로를 자극하고 계속 목표에 한 걸음씩 다가가려는 의지와 욕구를 생성하며 지도자와 수련생, 학부모를 모두 만족시켜 준다.

뇌와 운동

1) 운동과 뇌
2) 뇌 발달! 무엇에 영향을 받는가?
3) 운동은 두뇌를 발달시킨다
4) 운동이 먼저인가 학습이 먼저인가?

4. 뇌와 운동

1) 운동과 뇌

인간은 손을 쓰기 시작하여 두뇌가 발달하고 문명이 발달하였는지 원래 태생부터 지능이 높아서 손을 더 잘 쓰기 시작하였는지 어느 것이 먼저인지는 알 수 없지만, 점점 명확한 것은 신체활동이 두뇌에 영향을 미치며 두뇌는 더 복잡해지면서 진화를 거듭해 왔다.

인간 움직임의 활동은 손에서부터 시작되었다. 선사시대에서 맹수로부터 자신을 보호하기 위해 땅을 파거나 동굴을 파고 몸은 은폐하고 위협에서 벗어나기 위해 도구를 만들게 되었다. 선사시대 돌칼의 발달로 동물을 사냥하거나 자신을 보호할 수 있었고 돌창과 간 칼의 발달로 맹수의 위협을 원거리에서 보호하고 공격을 할 수 있었던 것처럼 인간이 문명을 이룰 수 있었던 것은 경험 학습과 손의 상호 의존하는 관계에서 비롯된다.

손가락을 움직이면 뇌의 여러 영역이 활성화되며, 특히 운동 피질(motor cortex), 소뇌(cerebellum), 그리고 전두엽(frontal lobe)이 관여한다. 운동 피질은 손가락을 포함한 신체 움직임을 조절하는 역할을 한다. 특히 일차 운동 피질(primary motor cortex)에는 손을 담당하는 영역이 광범위하게 분포되어 있어, 손가락을 세

밀하게 조절할 수 있다.

소뇌는 손가락의 정밀한 움직임을 조율하고 균형을 맞추는 역할을 한다. 예를 들어, 피아노를 연주하거나 컴퓨터 타이프를 칠 때 소뇌가 활성화되어 움직임을 부드럽고 정확하게 만든다. 전두엽은 손가락을 움직일 때도 활성화되며, 특히 정교한 손가락 운동, 예를 들면 글씨 쓰기, 악기 연주는 전두엽의 활동을 촉진하여 인지기능 향상에 도움을 준다. 손가락을 자주 사용하면 두뇌 발달에 긍정적인 영향을 준다. 예를 들어 소근육 운동(미세 운동)이 발달하면 기억력과 집중력이 향상되며 손가락 훈련 예를 들면 손가락 체조, 악기 연주가 뇌의 신경 가소성을 높인다. 양손을 번갈아 사용하는 활동이 좌뇌와 우뇌의 균형을 맞추는 데 도움을 준다. 이렇듯 신체의 움직임은 두뇌에 큰 영향을 미친다. 운동은 단순히 몸을 건강하게 하는 것을 넘어 두뇌 기능을 최적화하는 강력한 도구다.

신체의 움직임과 뇌의 상관관계를 얘기할 때 멍게를 비유할 때가 많다. 멍게가 많은 움직임의 활동이 있었던 유충이었을 때는 뇌가 있었으나 바위에 정착하고 움직이지 않은 후 자기의 뇌를 먹어버리는 것은 뇌는 신체의 움직임과 분리되어서는 생각할 수 없다. 이 의미는 움직임이 있다는 것은 지각을 한다는 것을 말하며 지각을 하기 위해서는 뇌가 필요하다는 것이다. 멍게는 유충이었을 때는 바다를 마음대로 헤엄쳐 다녔지만, 바위에 보금자리를 마련하고 달라붙은 후에는 자기의 뇌를 먹어버린다.

움직인다는 것은 모든 주변 정보를 입력하고 지각하며 운동 출력하는 수준에 따라 두뇌의 인지 작용이 필요하다. 다시 말해 지각과 인지는 감각기관을 통해 얻은 정보를 처리하는 과정으로 두뇌가 없어서는 불가능하다. 지각은 감각기관을 통해 받은 정보를 가공하고, 기억하며 재구성하는 과정이며 인지는 사고나 지각의 대상을 알아차리는 뇌의 작용이다. 움직임이 없는 멍게의 성체에서는 지각과 인지가 필요 없는 상태이다. 뇌와 움직임은 분리될 수 없는 관계이며 상호 의존적 관계이다. 움직이기 위해, 더 구체적이고 세밀하고 연계적인 움직임을 위해, 뇌가 필요하다.

2) 뇌 발달! 무엇에 영향을 받는가?

뇌 발달(Brain Development)은 뇌가 구조적, 기능적으로 성장하고 성숙해지는 과정을 의미한다. 이는 인간의 생애 초기부터 성인이 될 때까지 진행되며, 유전적 요인과 환경적 요인이 상호작용하여 이루어진다. 주로 '태권도의 뇌'에서는 환경적 요인 즉, 신경가소성을 다룬다.

또, 뇌 발달은 뉴런과 신경교세포의 증식을 말하며 뉴런의 축삭과 가지의 형성, 시냅스의 발달로 서로 다른 뉴런끼리의 연결, 뉴런의 축삭을 감싸는 미엘린이 점점 두꺼워 지면서 뉴런 간의 신호가 정확해지고 전달 속도가 빨라지며 원활한 신경전달물질의 분비로 형성된 신경망이 견고해지고 점점 확장되는 형태를 말한다. 또 이러한 생리적 기전으로 의사결정, 충동 조절, 판단, 계획, 사고 등에 영향을 미친다. 뇌 발달의 근본적인 에너지는 뇌의 신경가소성이라는 성질에서 시작된다.

인간이 건강 다음의 염원은 다른 사람들과 경쟁에서 우위를 차지하고 나이가 들어서도 건강한 두뇌를 가지는 것이다.

21세기를 살면서 경쟁에서 우위를 점유하기 위해 자신에게 행운이 올 거라는 기대, 단지 성적을 위해 공부하는 것, 경제적인 수단을 보유하는 일보다 더 중요한 것이 있다. 그것은 바로 두뇌 계발이다. 바로 앞서 언급했던 경제적 수단, 명예, 학습, 목표들을 가능하게 만드는 것은 모두 두뇌의 발달과 관계가 있다.

우리가 두뇌가 발달한 사람들을 예를 든다면 과학자, 의사, 교수, 유명한 예술가 등이 있을 것이다. 언급된 사람들의 두뇌는 다른 사람의 두뇌보다 발달 되어 있다. 이러한 사람들은 미래에 필요한 것, 미래에 일어나는 일들을 예측하여 찾아내고 그것을 연구하고 준비하여 다른 사람들보다 앞서 나가게 된다.

스스로 공부하여 연구하고 미래를 예측하는 사람이 있다면, 일반적인 사람들은 실현이 가능하지 않은 일일까? 일반 사람들도 실현이 가능한 일이다. 다만 두뇌에 관해 관심을 가지고 두뇌를 발달시키는 방법을 찾아내어 두뇌를 훈련하는 일이다. 그것은 전두엽을 발달시키는 일과 많은 뇌 신경세포를 생성시키고 서로 연결하며 관리하는 것과 관계가 깊다.

전두엽을 발달시키면 사고력, 기획력, 집행력, 분별력, 조절력이 좋아진다. 과거에 전두엽은 학습하는 청소년기 이후에는 발달하지 않는다고 했으나 현재는 평생에 걸쳐 전두엽을 발달할 수 있다. 전두엽을 발달시키기 위해서는 지속해서 전두엽을 자극, 활성화하는 일을 반복해야 한다. 많은 뇌 신경세포를 보유하기 위해서는 뇌 신경전달물질을 많이 분비해야 하며 이 뇌 신경전달물질을 많이 분비하기 위해서 신경가소성을 주는 업무나 학습을 해야 한다. 신경가소성이라는 것은 'Brain Plasticity'로 우리의 두뇌가 어떠한 자극이나 환경에 대응, 적응하기 위해 변화하려는 성질을 말한다.

　　전두엽을 자극, 활성화하기 위해서는 가소성을 향상하는 업무나 신체 움직임 등이 있어야 하며 이러한 전두엽 활성은 곧 새로운 뇌 신경세포를 생성시키는 시스템의 기반을 마련해준다. 21세기를 살아가면서 인간은 두뇌를 발달시킬수록 자신의 미래가 달라진다고 생각하게 되었다. 과거에는 두뇌를 유전적이라고 생각하여 변하지 않으며 운명이라 받아들여졌지만, 현재는 자기 두뇌를 어떻게 발달시키는지에 따라 좀 더 나은 미래를 맞이할 수 있게 된다.

　　그래서 자기 두뇌에 대해 관심을 가지기 시작하면서 많은 일 즉 선택, 사고, 집행, 계획 능력이 달라진다. 그러면 두뇌를 계발, 관리하면 자신에게 어떠한 일들이 벌어질까?

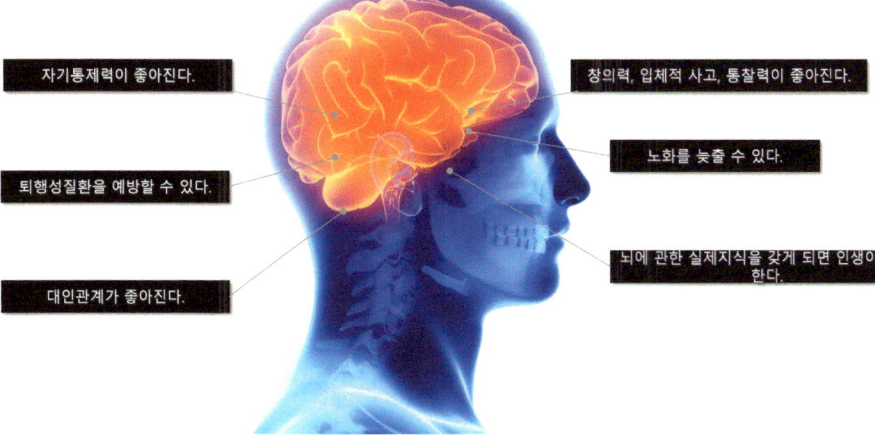

첫 번째, 자기 통제력이 향상된다.

자기 통제력은 자기가 처한 환경이나 상황에 합리적으로 자신의 충동 또는 행동을 통제할 수 있는 상대적 능력이다. 높은 사고력을 필요로 하는 인내심, 극기, 목표, 집행, 주의 등의 통제력이 향상된다.

두 번째, 창의력, 입체적 사고, 사고의 유연성, 통찰력 등이 향상된다.

창의력, 사고의 유연성, 통찰력이 발달로 사고를 깊게 하고 확장할 수 있다.

세 번째, 자신의 노화를 늦출 수 있다.

노화의 주체는 뇌다. 두뇌의 발달로 노화를 지연시킬 수 있으며 건강한 두뇌를 가질 수 있다.

네 번째, 치매를 예방할 수 있다.

고령화 시대에 살면서 치매와 같은 질환을 걱정하지 않을 수 없게 되었다. 이러한 퇴행성 질환을 예방할 수 있다. 이러한 질환에서 벗어나 건강한 두뇌로 삶을 영위할 수 있다.

다섯 번째, 대인관계가 좋아진다.

두뇌를 발달시킬수록 사고가 깊어지며 확장된다. 확장된 의식으로 관계를 생각하게 되고 긍정적인 대인관계를 형성할 수 있다. 가족, 친구, 업무 등의 주변의 사람들과의 관계가 좋아지고 폭이 넓어진다.

여섯 번째, 인생이 변화한다.

다친 상처에 관심을 가지면 상처가 빨리 아물 듯이 뇌에 관해 관심을 가지고 지식을 쌓게 되면 뇌가 좋아지기 시작한다. 두뇌에 대한 지식을 가지고 배우는 순간부터 두뇌를 발달하기 시작하고 노화는 점진적으로 지연되기 시작할 것이다.

그러면 이와 같이 두뇌를 발달시키기 위해서는 어떤 요소가 영향을 미치는 것일까?

첫 번째는 환경이다.

환경은 두뇌 발달을 위한 가장 근간이 되는 부분이기도 하다. 통제적이고 제한적이지 않으며 자기 의사나 소신이 제약받지 않는 환경, 반복되는 단순한 노동이 아닌 가소성을 줄 수 있는 새롭고 창의적인 업무를 하고 있는지와 취미활동 등에 영향을 받게 된다. 아무리 잠재력이 있다고 하더라도 환경적인 부분이 제한적이거나 뒤따라 주지 않으면 두뇌 발달이 어려워진다.

두 번째는 학습이다.

많은 책을 읽거나 관심 분야에 대해 학습하거나 단계적인 학습을 하는 것은 두뇌를 더욱 발달하게 하고 통찰력을 배양할 수 있다. 지식은 많이 보유하게 되면 그 지식에 대한 알고리즘이 발생하여 더 많은 질문을 가져오게 되고 이것으로 두뇌는 발달하게 된다. 그리고 가소성 있는 업무는 신경망의 구조와 신경망의 네트워크를 확장하게 되어 업무를 효율적으로 진행할 수 있고 더 어려운 업무도 할 수 있게 된다.

세 번째는 운동이다.

신체에 근육량을 증가시키면 집중력을 높일 수 있고 강도 있는 유산소운동은 두뇌에 많은 혈류를 공급시켜 충분한 단백질 제공과 함께 신경전달물질을 분비한다. 이 신경전달물질을 통하여 뇌 신경세포가 활성, 생성된다.

신체의 장기 중 가장 유연한 기관이 뇌다. 과거에 두뇌는 유전적으로 정해진 것 운명 같은 것으로 생각하고 변화하지 않는다고 하였지만, 일생에 걸쳐 변화한다. 그 변화는 학습에 의한 의존도가 가장 높다. 뇌 신경망의 네트워크가 구조적으로 변화하고 신경세포의 생성 등의 변화가 일어난다.

3) 운동은 두뇌를 발달시킨다

노래를 통해 짝짓기하는 새를 연구하는 노트봄 박사는 카나리아가 봄에 뇌가 커졌다가 여름에 다시 수축한다는 사실을 발견했으며 이는 카나리아 수컷이 짝짓기를 위해 새로운 노래를 연습하는 과정에서 뇌가 커진 것이다.

많은 사람이 과거에는 운동은 근육 발달, 심폐지구력 등의 건강과 관계가 깊다고 생각했다. 현시대에는 건강, 체력 발달에만 국한되는 것이 아니라 신체의 장기 중 뇌에 가장 영향을 준다는 연구를 흔히 볼 수 있게 되었다. 운동은 건강한 삶을 위한 신체를 만들어 줌과 동시에 두뇌에도 많은 영향을 준다. 신체 건강은 물론이고 학습에도 영향을 준다는 말로 대변된다. 학습에 많은 영향을 준다는 연구들이 속속 밝혀지고 있다.

학습을 잘하기 위해서는 그 전단계인 뇌 내에 혈액을 보내어 혈류량을 높여 주는 것이다. 운동을 통한 산소 섭취는 뇌 내에 혈류량을 높여 주고 혈액 속의 단백질 공급으로 두뇌가 충분한 인지 활동을 할 수 있게 한다. 창의적 활동이나 장기기억을 통해 필요한 정보를 끄집어내거나 전 학습과 후 학습을 대입해서 비교하고 연결할 때 뇌 내에 공급된 혈액 속 단백질이 에너지가 된다.

운동이 학습에 영향을 준다는 것은 0교시 체육수업을 미국에 확대하고 있는 일리노이주의 네이퍼빌 고등학교와 일본의 세이시 유치원이 대표적 사례가 되고 있다.

'운동화를 신은 뇌'의 모델이 되고 있는 일리노이주 네이퍼빌 고등학교는 1999년부터 정규수업을 하기 전 자신에 적합한 운동을 한다. 네이퍼빌은 수학이 세계 6위, 과학이 세계 1등인 학교로 매일 0교시 체육활동을 하는데 이것이 시험을 보는 당일까지 진행된다. 0교시 체육수업을 받은 학생들은 수업을 받기 전에 비해 읽기와 문장 이해력이 17% 증가했고 0교시 체육수업에 참가하지 않은 아이들보다 성적이 2배 이상 높았다고 한다.

일본의 세이시 유치원은 유치원 수업 4시간 동안 운동하는 유치원으로 유명하다. 아이들이 유치원을 등원하면 가방을 교실에 두고 3km 달리기에 나선다. 2009년 지역 마라톤 대회에 출전하여 어른도 힘들어하는 마라톤 풀코스 42.195km를 완주하면서 세계적 이슈가 되었다. 세이시 유치원의 재미있는 일화는 행사를 위한 연극으로 대사를 외우는 시간을 채우기 위해 마라톤을 일정 기간 휴식하자 대사를 잘 외우던 아이들도 대사를 잘 못 외우는 현상을 발견했다고 한다. 마라톤을 하는 동안에는 뇌의 해마에 혈류량 증가로 단기기억력과 인지력이 향상되었을 것이다. 마라톤을 중지하는 동안 해마의 혈류량이 저하되고 단기기억력을 향상하는 데 문제가 발생한 것이다.

　유치원을 졸업하는 동안 운동을 위주로 하는 아이들이 졸업과 동시에 초등학교에 진학하여 성적이 주도적으로 향상되는 것을 볼 수 있었다고 한다. 아이들이 유치원에 가서 수학, 영어 등의 학습을 해야 한다고 생각하는 한국의 학부모와 대조적이다. 세이시 유치원의 테츠무라 가츠오 원장은 학습을 위한 두뇌 환경이 만들어지기도 전에 지식을 집어넣는 것보다 운동을 통해 학습할 수 있는 두뇌 환경을 충분히 만들어 주고 지식을 많이 담을 수 있도록 해야 한다고 말한다.

　이러한 체육활동은 학습에 관계된 신경전달물질 도파민, 세로토닌, 노르에피네프린, 아세틸 콜린 등의 분비를 촉진하여 학습을 효과적으로 할 수 있게 도와준다. 운동은 학습을 잘할 수 있게 두뇌 환경을 만들어 주는 데 중요한 역할을 하며 이것은 유아 때 공부에 관한 인지 교육만을 강조하는 한국의 학부모들이 참고해야 할 내용이다.

과거에는 성인의 뇌에서 뇌세포가 매일 몇만 개씩 사멸된다는 도그마가 있었다. 사람은 태어나면서 더 이상 뇌 신경세포를 생성하지 않고 오히려 뇌 신경세포가 생성되면 이미 저장한 기억을 지우거나 헝클어 놓는다고 믿었다. 아직도 이 도그마를 믿고 있는 사람들이 많다.

현대인들은 고령화 시대로 접어들면서 발생하는 파킨슨이나 알츠하이머 등의 퇴행성 질환에 대해 자유로울 수 없게 되었다.

첨단 영상기구 등장의 오늘날에는 노화된 세포가 재생, 새로운 신경세포가 생성된다는 연구가 많이 보고되고 있다. 건강한 노인의 뇌에서도 젊은이와 비슷하게 새로운 신경세포가 생성된다는 연구, 80세 이상 노인의 뇌에서도 새로운 신경세포가 생성된다는 연구 결과가 있다. 퇴행성 질환의 원인은 신경세포가 사멸되거나 손상되는 데서 비롯되는데 항노화를 할 수 있는 방법을 발견한 것이다.

4) 운동이 먼저인가 학습이 먼저인가?

컴퓨터 문명이 발달하면서 수학이라는 학문이 가진 의미는 뇌 발달이다. 수학은 개인적 관점에서 신경가소성의 원리처럼 양적으로 증가하는 학문이다.

그런데 이러한 수학을 잘하기 위해 운동이 필요하다면 어떨까? 운동으로 전두엽을 활성화하면 두뇌가 단기기억력, 억제력, 집행력, 사고력이 좋아져 수학이 요구하는 두뇌의 다양한 사고에 많은 영향을 주게 된다. 어떤 학습이라도 먼저 전두엽 활성화가 선행되면 효율적인 학습을 할 수 있다.

전두엽을 활성화하지 않는 단계에서 학습은 〝누워있는 사람에게 100미터 달리기를 출발시키는 것〞과 같다. 그러면 전두엽은 어떻게 활성화되냐고 되물을 수 있다. 책을 읽어도 생각을 해도 명상을 해도 운동을 해도 전두엽을 활성화할 수 있지만, 사람에게 신체활동이란 아주 밀접하고 접근성이 좋으므로 특히 아이들은 신체활동을 통해 더욱 전두엽이 쉽게 활성화된다. 여기서 책을 읽는다는 것은 의미를 이해하는 것이다. 그리고 생각을 잘하면 전두엽을 자극, 활성화하는데 전두엽을 활성화하려면 골똘히 생각해야 한다.

통증을 일으켰을 때의 통각, 피부로 느끼는 촉각, 사물을 인지하는 지각 등 즉각적 피드백에 의한 생각이 아니라, '곰곰이 생각한다'라는 말로 의미를 이해하는 깊은 '생각 속의 생각'을 말한다.

지도자는 운동의 중요성을 이해하지 못하고 학습을 최우선 순위에 놓고 고집하는 부모님에게 자신을 스스로 낮추려는 습관이 있다. 이것을 허락하면서부터 운동은 모든 학습의 맨 마지막의 부분에 해당하는 레스트 코스(rest course)에 해당한다고 인정하는 꼴이 된다. 그리하여 중요 과목에서 시간이 부족하게 되면 결석으로 이어지고 이런 상황이 계속되면서 부족한 시간을 운동시간으로 메우려고 휴관하고 만다. '왜 고학년이 도장에 남지 않는가?'를 고민하기 전에 이미 학습화된 운동에 대한 상식을 어떻게 변화시켜야 하는가가 지도자의 몫이다.

공부를 하기 위해서 선행되어야 하는 것이 두뇌 활성이다. 두뇌 활성은 인지기능을 높여 주는 상태로 각성, 주의, 사고, 단기기억 등 공부하는 데 필요한 뇌 기능이다. 이것은 운동 후 도파민, 노르에피네프린, 세로토닌과 같은 학습에 관여하는 신경전달물질이 분비하는 것을 의미한다. 신경전달물질 분비의 저하는 곧 학습을 하기 위해 필요한 뇌 기능이 저하된 상태를 말한다.

평소 저하되어 있던 뇌 내의 혈액이 운동에 필요한 산소를 섭취하면서 뇌 내의 혈류량이 증가한다. 뇌 내의 혈류량이 증가하면서 단백질이 풍부해지고 학습을 위한 환경이 조성된다. 하지만, 강도 높은 운동을 하면서 지식을 동시에 습득하긴 어렵다. 강도 높은 운동을 유지하면서 운동하는 것은 높은 집중이 필요하므로 다른 정보에 집중할 수 없다. 운동을 하면서 전두엽 피질과 사용되는 근육에도 많은 혈류량을 분배하느라 혈류량이 부족해지고 인지기능이 일시적으로 저하될 수 있다.

운동 종료 후 학습을 하면 분배되었던 혈액들이 전두엽 피질에 집중되면서 정보를 통합하고 분석하는 능력이 향상되면서 높은 사고 유연성을 발휘한다. 전두엽 피질에 혈액이 충분하게 공급된 운동 직후가 가장 공부하기 이상적인 시간이며 이후 점차 낮아지고 평소 상태로 돌아간다.

다음은 왜 학습보다 운동이 먼저인지를 잘 설명해 주는 실험이다.

Morris Water Maze (모리스 수조 미로) 실험

달리기 훈련을 한 쥐와 운동을 하지 않는 쥐를 비교하여 운동이 학습과 기억에 미치는 영향을 분석하였다.

1. 쥐가 수영하기에 적합한 크기의 통에 물을 채워놓고 수면이 낮은 곳에 발판을 설치하여 물을 두려워하는 쥐를 발판을 찾을 수 있도록 훈련하였다.
2. 발판을 설치한 통에 불투명한 물을 채워 넣고 매일 밤 달리기를 4.5킬로미터를 달린 쥐와 달리기를 안 한 쥐를 발판을 찾게 했더니 매일 밤 달리기를 한 쥐가 달리기를 하지 않았던 쥐보다 길을 더 빨리 기억해 냈다. 달리기를 안 한 쥐를 이리저리 헤매다 겨우 발판을 찾아갔다.
3. 실험 후 두 쥐의 뇌를 해부한 결과 달리기를 한 쥐의 뇌 줄기세포가 달리기를 안 한 쥐의 뇌 줄기세포보다 두 배 가량 많았다.

신경가소성(Neuro Plasticity)과, BDNF(Brain-derived neurotrophic factor)

1) 신경세포와 신경망

2) 변화를 위한 에너지! 신경가소성

3) 뇌세포를 생성하는
   BDNF(brain-derived neurotrophic factor)

5. 신경가소성(Neuro Plasticity)과 BDNF(Brain-derived neurotrophic factor)

1) 신경세포와 신경망

신경세포는 신경계의 가장 기본 단위의 뉴런을 말하고 신경망은 신경세포들이 연결되어 있는 구조를 말한다.

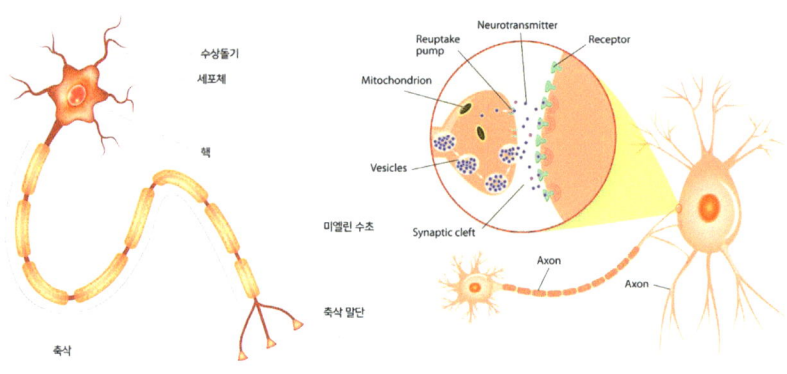

뉴런의 맨 앞에 있는 부분이 수상돌기 또는 가지돌기라 부른다. 수상돌기는 다른 뉴런에서 화학물질의 신호를 받아들이는 수용체이다. 전기신호를 다른 연결된 뉴런에 보내기 위해서는 흔히 연접이라는 틈새를 통해 내보내게 되는데 우리가 흔히 시냅스라고 부르는 부분이 바로 이 부분이다. 여기 시냅스를 통하여 전기신호를 화학물질로 변환하여 다른 뉴런의 수상돌기에 보내고 수상돌기에 받아들여진 화학물질은 곧바로 전기신호로 변환되어 축삭 말단까지 이어지게 된다. 이 화학물질을 신경전달물질이라고 하고 이 신경전달물질은 도파민, 세로토닌, 노르에피네프린, 아세틸 콜린, 가바, 글루탐산 등으로 구성되어 있다.

전기의 전달 방향은 수상돌기에서 축삭돌기 쪽으로 편향된다. 변환된 전기신호는 축삭돌기를 통하여 축삭 말단에 전달되고 축삭 말단에서 화학물질로 변환되며 다시 시냅스를 통하여 다른 뉴런에 전달된다. 이 신경전달물질은 가소성 있는 행위 즉, 자극, 학습, 경험의 수준에 따라 그 분비량이 결정한다. 뉴런의 세포체에서 신호를 강하게 받으면 축삭을 통하여 축삭 말단에 전달되고 축삭 말단에서 또 다른 새로운 신경세포가 생성되는 것이다. 새롭게 생성된 신경세포는 다른 뉴런과 신경망에 결합 되고 융합되기까지 약 28일이 소요되며 다른 네트워크와 결합하면서 활동전위에 관여하게 된다. 새로운 신경망에 신경세포가 생성되지만, 반복적인 학습으로 신경가소성을 지속해서 촉진하지 않으면 점점 사멸한다.

이때 반복적인 자극으로 습득한 학습과 연관성이 있는 습득한 학습을 연결하면서 생성된 신경세포는 계속 성장하며 다른 신경세포와 결합한다. 학습이 지속해서 양적 증가를 할 때 성질이 비슷한 신경세포끼리 연결을 거듭하고 신경망을 형성하며 확장해 나간다.

2) 변화를 위한 에너지! 신경가소성

의도적인 뇌 발달을 위해서는 뇌의 변화 성질인 신경가소성에 대해 숙지하는 것이 도움이 된다. 뇌의 신경세포와 신경세포로 구성되어 있는 신경망이 새로운 자극에 따라 형태가 변화하고 성장하는 능력을 말한다. 뇌가 학습, 기억, 환경 변화 등에 적응하는 과정을 의미하며 뇌 가소성은 평생 지속된다. 뇌는 나이와 상관없이 새로운 학습을 할 수 있으며 새로운 학습이나 환경에 따라 성장하기도 쇠퇴하기도 한다. 또 장애가 발생한 뇌 부위의 기능을 주변의 다른 뇌 부위가 도맡아 처리하기도 한다. 자신의 발전을 도모한다면 신경가소성의 원리를 이해하는 것이 도움 된다.

우리가 페트병을 구부리게 물리적 힘을 가하면 페트병은 구부려지면서 구부려진 그 형태를 그대로 유지하는 것을 볼 수 있다. 찰흙에 물리적 힘을 가하면 형태가 변하고 더 이상의 힘을 가하지 않았는데도 원래대로 복구하지 않고 구부러진 형태를 유지하게 된다.

이러한 성질을 Plasticity 가소성이라고 한다. 인체의 뇌에도 가소성이 존재하며 뇌에 관한 가소성을 Neuro Plasticity, 신경가소성이라고 한다.

신경가소성은 Recovery(회복), Remodel(개조), Reorganization(재구성) 등의 세 가지로 구분되며 굳어져 있는 구조가 아니라 경험, 환경, 학습으로 재배치되고 평생 변화가 가능하다.

인간의 시각 적응력과 신경가소성을 연구하기 위해 상하가 뒤집혀 보이는 특수 고글을 착용했을 때 뇌가 어떻게 적응하는지 알아보는 실험이 있다. 우리 눈의 망막은 외부에서 들어온 빛을 상하 반전된 상으로 받아들인다. 시각피질은 자동으로 이미지를 보정하여 올바르게 인식하는데 고글을 통해 상이 거꾸로 보이게 하면 뇌가 과연 적응할까?

1939년에 에리스만과 코흐는 실험 참가자들에게 거꾸로 보이는 고글을 착용시키며 일상생활 즉, 걷기, 물건 잡기, 자전거 타기 등을 관찰하였다. 처음에는 시각으로 보이는 모든 것이 거꾸로 보이기 때문에 일상생활이 거의 불가능하였지만 점차 시간이 지나면서 뇌가 적응하여 거꾸로 된 시각 정보를 정상적으로 인식하기 시작했다.

약 1~2주 후 참가자들은 뒤집힌 시야에서도 정상적으로 생활할 수 있게 되었으며 심지어는 자전거와 스키도 탈 수 있게 되었다. 이로써 뇌는 새로운 시각 정보를 학습하고 적응할 수 있다는 신경가소성을 증명한 셈이다. 재미있는 부분은 고글을 벗으면 다시 원래의 시각으로 돌아오는 데 시간이 필요했다. 이것은 신경망이 거꾸로 된 시각 정보에 재조직화되었기에 다시 원래의 신경망을 회복하는 데 시간이 걸린다. 그러니까 우리가 현재 정상적인 시각 정보로 보는 것도 오랜 기간의 신경가소성의 촉진으로 시각 피질의 조직이 신경망을 형성한 것이다. 다시 말해 시각 정보 처리는 고정된 것이 아니라 뇌가 경험과 학습을 통해 변화할 수 있다.

이 밖에도 '거꾸로 자전거 타기 신경가소성(뇌의 변화력)'라는 제목의 신경가소성을 재미있게 다뤄주는 유튜브 영상이 있다. **(https://youtu.be/QqmliktzBQs?si=o5_0pMh_2PVlXz4k)** 자전거 핸들의 방향을 바꾸어 거꾸로 타는 방법이 가능한지에 대한 재미있는 테스트 영상이다. 이 영상에서는 뇌가 실제 정형화되어 있는 의식에 대한 변화가 가능한지의 신경가소성을 설명 해주고 있다.

자전거는 왼쪽으로 핸들을 꺾으면 왼쪽으로 가고 오른쪽으로 핸들을 꺾으면 오른쪽으로 간다. 그런데 반대로 왼쪽으로 꺾으면 오른쪽으로 회전하고 오른쪽으로 핸들을 꺾으면 왼쪽으로 회전하게 된 자전거로 실험하게 된다.

영상처럼 최초에 자전거 핸들이 왼쪽으로 꺾으면 오른쪽으로 가고 오른쪽으로 꺾으면 왼쪽으로 가는 것이 일반적인 자전거였다면 그 정보에 익숙해지고 신경망이 형성되어 자전거 타는 데 아무런 지장을 주진 않았을 것이다. 이 영상에서는 어른은 8개월, 어린이는 2주 만에 거꾸로 된 핸들에 익숙해지고 자전거 타기가 가능했다고 한다.

여기서 재미있는 것은 거꾸로 된 핸들의 자전거를 어린이가 더 쉽게 빨리 배울 수 있었던 이유는 무엇일까? 그것은 성인보다 더 유연한 성질의 뇌를 가지고 있고 성형적 즉, 변화하려는 성질이 높기 때문이므로 새로운 정보를 쉽게 받아들이며 새로운 신경세포 다발을 형성한 것이다. 어릴 때의 교육이 얼마나 중요한지도 알 수 있는 대목이다. 잘못된 정보를 주면서 교육하면 성인보다 어린이가 더 쉽게 학습한다는 것이다.

실험 영상에서는 거꾸로 된 핸들의 자전거에 익숙해지는데 많은 시간을 투자한다. 일반자전거로 오랜 시간 반복 학습된 것이 익숙해지고 자동화가 되어 정반대의 거꾸로 된 핸들의 자전거를 학습하는데 간섭, 지장을 초래한 것이다.

한번 적응된 신경망의 학습이 반복적 학습이 다시 변화한다는 것은 정말 어려운 것이라는 것도 알 수 있다. 그러므로 교육하는 사람이 얼마나 신중해야 하는지도 알게 된다.

또, 반복 학습에 투자한 시간만큼 그것을 바꾸기 위한 변화 적응하는 시간도 오래 걸리게 된다. 영상에서는 한번 거꾸로 된 핸들의 자전거에 적응했던 신경망이 다시 제대로 된 일반 자전거를 타는데 얼마나 지장을 주는지에 대해서도 말한다. 한번 장착된 의식이나 개념과 패턴을 바꾸려면 얼마나 많은 시간을 다시 투자해야 할까? 반복된 학습으로 생성된 신경망의 습관을 바꾸는 것이 얼마나 힘든지에 대해 설명한다.

쥐는 시각보다 수염을 이용한 촉각 감각이 매우 발달해 있다. 쥐의 수염은 촉각 정보를 처리하는 중요한 감각기관이다. 위험이 감지되거나 장애물을 감지하는 역할을 한다. 쥐의 한쪽 수염을 뽑아버리면 어떻게 될까?

바렐 피질(Barrel Cotex)은 설치류, 특히 쥐에서 발견되는 체감각 피질(Somatosensory)의 특수 영역으로 주로 수염에서 감지된 촉각 정보를 처리한다. 반 더 로스와 울리(Van der Loos & Woolsey. 1973)의 연구는 쥐의 특정 수염을 제거하면 해당 신경망이 어떻게 변화하는지 관찰하였다.

특정 수염을 제거한 경우, 해당 수염과 연결된 바렐 피질의 구조와 위축되거나 사라졌고 주변 바렐 피질이 확장되며 공간을 차지하려는 현상이 관찰되었다. 이것은 뇌의 감각 경험에 따라 변화할 수 있음을 알게 해준다. 쥐의 한쪽을 수염을 뽑으면 그 수염을 담당하는 바렐피질의 역할이 없어져서 사멸되고 반대쪽 수염이 뽑은 수염의 역할을 대신해야 했기에 뉴런이 더 활성화된 것이다.

그림과 같이 뒤차가 앞차를 들이받으면 앞차의 사고 정도가 뒤차가 얼마나 빠른 속력으로 달렸는지에 결정된다. 뒤차의 속력이 얼마인지에 따라 앞차가 받는 충격이 달라지고 차량의 파손 정도나 운전자의 부상 정도가 결정되는 것이다. 신경가소성의 원리도 마찬가지로 뉴런에 얼마나 전기화학적 신호를 강하게 주느냐에 따라 자동차의 파손 정도가 달라지듯이 뉴런과 신경망의 형태가 결정된다.

뉴런의 시냅스에서 분비되는 신경전달물질은 전기신호로 변환하며 또 다른 뉴런에 전달한다. 이때 수준 높은 가소성을 주게 되면 신경전달물질이 원활히 분비되고 강한 전기신호로 다른 뉴런에 신경전달물질로 전달된다. 뉴런에 전달되는 강한 화학적 전기신호는 주로 도파민, 세로토닌, 노르에피네프린, 아세틸콜린 등의 화학물질로 구성되었으며 이 신경전달물질 분비량의 결정은 신경가소성과 관계가 있다. 즉, 가소성을 촉진하는 업무, 환경, 학습, 운동이 신경전달물질의 분비량을 결정하게 된다. 가소성을 촉진하는 자극, 경험과 학습을 진행하면서 많은 화학물질을 분비하고 이 화학물질이 강한 전기신호로 변환되어 연결된 다른 뉴런에 전달한다.

앞서 말한 바와 같이 거꾸로 된 핸들의 자전거를 탈 때 성인보다 어린이가 더 쉽게 배운다는 것을 알 수 있었다. 어릴 때의 교육이 얼마나 중요한지도 알 수 있는 대목이다. 잘못된 정보를 주면서 교육하면 성인보다 더 유연한 뇌를 가진 어린이가 더 쉽게 학습한다는 것이다. 거꾸로 된 핸들의 자전거에 익숙해지면서 정상적인 일반 자전거를 타지 못하는 것은 한번 적응된 신경망의 학습이 다시 변화한다는 것은 정말 어려운 것이라는 것을 알 수 있었다. 예를 들어 잘못된 언어, 행동 등의 습관이 반복되어 신경망이 형성되었다면 이것을 수정하는 데 오랜 시간이 걸린다. 그러므로 교육하는 사람이 얼마나 신중해야 하는지도 알게 된다. 두뇌는 신경가소성에 의해 학습되고 뇌의 네트워크가 구조적으로 변화되고 학습하는 방향대로 변화된다.

도벽, 과음, 과용, 과식 등 중독에 관련된 습관들이 곧 신경가소성을 통해 만들어진 습관이다. 신경가소성은 뇌가 이처럼 성형적이고 순응적이라 것이며 어떤 행동을 하면 할수록 정보에 관련된 뉴런의 가지들이 생성되고 견고해지고 반대로 하지 않던 행동의 뉴런 가지들은 점차 사멸되는 단계를 거친다. 예를 들면 착한 행동을 하면 착한 행동에 관한 신경세포로 신경망이 형성되지만 착한 행동으로 인해 등한시된 나쁜 행동의 신경세포는 점점 줄어들고 사멸되는 것과 같다. 사람의 의식이나 성격이 고정되어 있다고 믿지만, 이는 신경가소성의 원리로 변화가 가능하다.

인간의 성장은 '관계'에서 가장 많이 영향을 받으며 좋은 주변 사람을 만나서 좋은 선택을 해서 좋은 생각과 건강한 생각으로 좋은 위치를 유지하는 현재의 자신을 발견할 수 있다면 신경가소성을 긍정적인 방향으로 제대로 촉진한 것이다. 반대로 자신이 태어나서 부모에게서 버림을 받아서 보육원에서 성장했고 양부모가 가족을 학대하거나 아니면 도벽을 가르쳤으면 해가 되는 방향으로 신경가소성을 촉진할 것이다. 이처럼 신경가소성을 통한 뇌 변화가 좋은 쪽으로만 편향적으로 발달하지 않는다.

신경가소성의 원리라면 처한 환경에 따라 본인의 미래가 바뀔 수도 있는 것이다. 착한 선생님에게 교육을 배우면 착한 행동을 본받게 되고 나쁜 인성을 가진 선생님에게 배우면 나쁜 행동을 본받고 신경가소성에 의해 그 영향이 신경망에 네트워킹된다. 즉 자신에게 영향을 주는 누군가에게 변화하고 그 성향이나 성질을 학습하는 것이다. 어떤 사람을 만나고 어떠한 환경에 적응하느냐에 따라 미래가 달라지는 것이다. 나의 인생은 이미 정해져 있는 것이 아니라 어떠한 환경에 따라 변화되고 미래의 자기 삶도 정해져 있지 않고 어떠한 영향을 받느냐에 따라 변화할 수 있다. 그러므로 지도자들은 좋은 영향의 가소성을 줄 수 있도록 노력해야 한다. 자기의 지도가 올바른 방향으로 진행되고 있는지의 '메타인지'를 발휘하면서 점검해야 한다.

배우가 배역에 오랜 시간을 투자하고 집중하면서 배역의 성격을 벗어나지 못할 때도 경상도 사람이 어릴 적 서울로 이사 가서 서울말을 쓰거나 반대로 서울 사람이 오랫동안 경상도에 머물러서 사투리를 고치지 못하는 것처럼 이미 익숙해져 있는 것에 의존하며 수정, 교정은 큰 노력이 필요하다. 또, 신경망 네트워크가 손상 시 동일한 반복된 학습으로 회복할 수 있다.

신경가소성을 주는 자극, 학습, 경험을 하면 신경전달물질이 분비되고 이 분비된 신경전달물질은 뉴런의 신호를 원활하게 하고 뇌의 신경망에 관여하여 인지적 활동에 영향을 주며 학습을 잘하게 한다.

　기타와 같은 악기를 다루거나 스포츠를 하면 처음에는 익숙하지 않다가 계속 숙달하면서 점점 익숙해지는 것을 볼 수 있다. 처음 접해볼 때는 너무 생소하여 어색하고 악기 다루기에서 요구하는 부자연스러움을 겪게 된다. 그러다가 반복연습을 통해 점점 익숙해지고 절차 기억으로 완성해 나간다.

　이것은 우리가 신경가소성에 의해 기타나 스포츠에 관한 신경세포가 생성되고 점차 신경망이 형성되는 과정이다. 또 이러한 신경망은 비슷한 학습을 할 때 패턴을 읽어 들여 관여하고 좀 더 쉽게 처리할 수 있도록 도와준다. 탁구와 테니스, 배드민턴과 서로 유사한 관계가 있는 학습에 간섭하며 빨리 효과적으로 처리할 수 있는 이유다. 또 기타를 치지만 춤을 쉽게 익히거나 배드민턴을 잘 칠 수 있다. 기타로 완성된 음악적 리듬의 신경세포가 춤이나 배드민턴을 칠 때도 관여한다. 춤의 리듬과 배드민턴 스텝의 리듬에 기타의 음악적 리듬이 간섭하는 것이다.

위 그림의 공중돌기를 보면 1동작이 제자리에서 점프 점프하기, 2동작이 점프력을 뒤로 이동하기, 3동작이 고개 뒤로 젖히기, 4동작이 무릎을 잡아 가슴으로 당기기, 5동작이 착지하기라 가정하면 모든 동작을 각각 연습한다. 연습을 하면 각 동작에 관한 신경세포가 생성된다. 1번과 2번을 연습하면서 신경세포 간의 시냅스가 개발되고 서로 연결을 시도하면서 1, 2번 관한 신경망이 생성된다. 1~5번을 연결하여 연습하면 각각의 신경세포가 하나의 신경망을 형성하게 된다. 또, 동작 연결과 역할에 관련된 신경세포들도 생성되어 제대로 된 동작을 할 수 있게 보조해 준다.

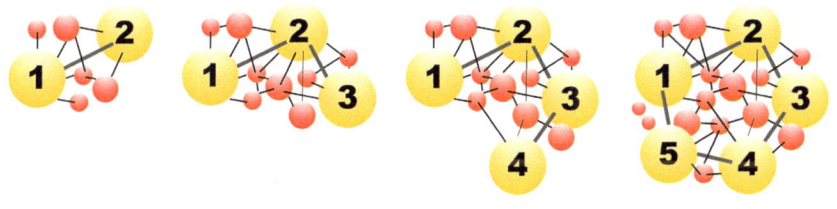

1. 노란색은 공중돌기에 관련된 신경세포
2. 빨간색은 동작의 연결의 역할을 하는 신경세포

새로운 신경세포에 신경가소성이 발생하여 숙달할수록 신경세포끼리 네트워크가 견고해 지지만, 기타나 스포츠를 일주일을 쉬게 되어서 하지 않으면 견고해졌던 신경망 네트워크가 다시 이완되고 느슨해지면서 균열이 생겨 기타를 칠 때 손가락이 원활하게 움직이지 않는 것과 스포츠의 동작이 원활히 되지 않는 것을 볼 수 있다. 학습이든 스포츠든 이러한 신경가소성의 원리에 발달하거나 저하한다. 가소성을 주는 학습의 반복은 신경망의 회로를 확장하며 더욱 견고하고 단단해져 비슷한 작업의 학습에도 영향을 주며 새로운 학습을 진행할 시 생겨나는 여러 경우를 대처할 수 있도록 한다. 기타 외에 다른 악기를 배울 때도 기타의 학습에 관여한 신경망이 간섭하며 다루는 시간을 단축하고 학습을 발전할 수 있도록 영향을 준다.

3) 뇌세포를 생성하는
BDNF(brain-derived neurotrophic factor)

BDNF는 뇌유래신경영양인자이며 신경세포의 시냅스에서 분비되며 신경세포를 자라게 하는 신경전달물질이다. 신경세포를 성장시키고 생존하고 유지할 수 있도록 도와주며 가소성(plasticity)을 촉진하는 데 핵심적인 역할을 한다. 또, BDNF의 분비를 통해 뇌가 구조적으로 변화하고 변화된 구조의 기능을 유지한다. BDNF 분비의 수준이 높으면 학습을 빨리 배우고, 기억을 더 잘하고, 더 천천히 노화되고, 뇌를 빨리 재연결해 준다. BDNF는 TrkB 수용체와 결합하여 세포 내 신호 전달 경로를 활성화한다. 이는 뉴런의 생존, 시냅스 성장, 그리고 시냅스 가소성에 기여하는 신호 전달 체계를 촉진한다.

BDNF는 기억을 담당하는 두뇌 조직인 해마의 신경세포 생성을 촉진해 기억력과 인지기능을 향상한다. 성장기 어린이와 청소년의 두뇌 성장에 핵심적인 역할을 하는 건 물론, 새로운 세포를 생성해 손상된 신경 조직을 활성화하므로 성인에게도 중요하다.

새로운 학습을 하거나 운동을 할 때 익숙하지 않아서 문제를 파악하기 위해 안간힘을 써보는데, 이것은 여러 자료를 연결해 보거나 익숙하지 않은 운동을 분석, 연합, 대입하는 과정이며 이 과정에서 뇌에서 최고 인지기능을 발휘하면서 부자연스러운 피드백을 받게 되는데 이때 BDNF가 분비된다.

자전거를 배우면서 자전거 타기가 익숙하지 않아 비틀거리거나 피아노나 기타를 칠 때 손가락이 제대로 움직이지 않는 상태에서 오히려 뇌는 흥미를 느끼며 정보를 계속 학습하려는 의지가 생산되며 정보를 계속 따라가는데 이때 신경가소성이 촉진되며 BDNF가 분비된다. 학습할 때 인지 작용을 하게 되는데 BDNF는 기억, 학습, 고차원적인 사고를 담당하는 해마, 대뇌피질, 전두엽 피질에서 분비되며 활발하게 활동한다. 학습에 집중하고 있고 의미를 알아채고 이해하면서 의식을 놓지 않고 진행되고 있다면, 신경가소성이 촉진되고 BDNF가 분비하고 있다고 예측할 수 있다.

연구에 의하면 익숙하거나 자기가 이미 알고 있는 내용이거나 정형화된 학습보다, 익숙하지 않으며 정형화되지 않고 예측할 수 없으며 불규칙한 정보에 더욱 증가한다.

익숙하지 않은 학습이나 악기, 운동을 익숙해지려는 과정일 때 두뇌가 부자연스러움을 느끼고 정보를 알아차리기 위해 분주하게 움직이고 정보를 연결하고 통합하기 위해 순발력을 요구하게 되는데, 이 상태가 BDNF가 분비되는 상태라고 생각하면 무리가 없다.

간략히 말하면 김연아 선수가 트리플점프를 완벽히 구사할 때보다 트리플점프를 완성되기 위해 숱한 엉덩방아를 찧을 때 BDNF가 더욱 분비된다는 것이다. 반복적인 점프 구사로 인해 이제 딴생각을 해도 점프를 할 정도로 자동화가 되면 신경망이 견고해지고 단단해진 것이다. 그래서 익숙한 학습보다 새로운 학습이 더욱 신경가소성을 촉진하고 BDNF를 분비한다. 여기서 중요한 점은 신경가소성을 촉진한다는 것은 대상의 학습을 집중한다는 것이며 학습에 집중을 하지 않으면 신경가소성이 발생하지 않는다. 예를 들면 우리가 기계체조를 배우는데 멍하게 다른 곳을 쳐다보거나 딴생각을 하면 즉, 전전두엽의 의식이 핵심 정보에 옮겨가지 않으면 저절로 기계체조가 익숙해지지 않는 이유이다.

BDNF의 분비량으로 지식의 수용할 능력이 수반되며 분비량이 저하되면 뇌는 정보에 대한 반응력이 저하된다. BDNF는 신경가소성과 분리해서 생각할 수 없는 관계다.

BDNF는 신경가소성을 조절하는 핵심 인자로 뇌가 환경 변화에 적응하고 새로운 정보를 저장할 수 있게 한다. 이를 통해 학습, 기억, 감정 조절, 그리고 회복력이 가능해진다. BDNF 분비를 활성화하는 생활 방식은 뇌 건강을 개선하고 노화 관련 인지 저하를 예방하는 데도 도움을 줄 수 있다.

5. 신경가소성(Neuro Plasticity)과 BDNF(Brain-derived neurotrophic factor)

뇌와 태권도

1) 전전두엽과 의식
2) 태권도 위력격파와 코르티솔
3) 태권도 옆차기의 절차 기억(Procedural Memory) 기전과 신경망

6. 뇌와 태권도

1) 전전두엽과 의식

의식은 보통 1차 의식(Primary Consciousness)과 2차 의식(Secondary Consciousness)로 나뉘어져 있다. 1차 의식은 동물과 인간이 모두 가지고 있는 기본적인 형태를 말한다. 현재 경험하는 감각, 감정, 인지 과정에 대한 직접적인 인식, 언어를 사용하지 않아도 가능한 즉각적이고 직관적인 형태의 의식을 말한다.

2차 의식은 인간이 주로 가지는 고차원적 의식 형태로 자기 성찰, 과거 기억, 미래 계획, 언어적 사고를 포함하는 복합적인 인지 과정을 말한다.

아침에 태양이 뜨고 식물이 고개를 들면 모든 동물은 눈을 뜨면서 활동을 하기 시작한다. 인간도 잠에서 일어나며 움직이기 위해 의식을 깨기 시작한다. 정보의 간섭이 없는 상태에서 인간은 일과를 하기 위해 점차 의도적으로 2차 의식으로 옮겨간다. 동물은 인간과 비교하여 다소 제한적이지만 다양한 연구에서 동물들도 인정 수준의 인지 능력과 감각을 지닌다는 것이 밝혀졌다.

대부분의 동물은 '1차 의식'을 감각과 감정, 환경을 인식하는 능력으로 배고픔, 고통, 쾌락, 공포 등을 경험하고 이에 반응한다.

강아지가 주인을 만나면 꼬리를 흔들고, 고통을 피하려는 행동을 보이고, 코끼리가 동료의 죽음을 애도하는 감정을 인식하고 일부는 인간과 공유하기도 한다.

하지만, 동물은 눈은 떴지만 1차 의식에서 머물러 있는 경우가 많고 스스로 고차 의식으로 옮겨가지 못하고 곧 멍해지는 경우가 있다. 아마도 주인이 원반을 던져주거나 나비가 눈앞에 날아가는 호기심을 유발하는 자극이 있다면 달라질 수 있다. 그래서 주인이 의식을 가지기 위해 음식도 주고 같이 놀아주며 공원에 산책도 하며 의식을 가져가기 시작한다. 현재와 지금의 즉각적인 피드백의 의식에 집중되어 있어 계획이 없으므로 시간의 개념이 없고 태양이 지고 식물이 고개를 숙이면 다시 잠자리로 이동한다.

인간은 자신의 건강 상태를 직접 확인하고 부족한 건강 상태를 채우려고 의도적으로 몸을 일으켜 운동을 한다. 하지만 동물은 의식적 제한으로 스스로 운동할 수 없고 주인의 관찰 아래 운동을 할 수 있다.

이것은 의식을 구분할 때 중요한 요소로서 동물은 스스로 하기가 힘들고 인간은 스스로가 가능하다는 것이다. 그래서 인간은 1차 의식을 초월하여 "자신의 의식에 대해 의식하는 것"의 2차 의식 즉, 고차 의식으로 진행을 할 수 있다. 계획되어 있는 일과를 소화하기 위해 의도된 의식을 가지고 진행하지만, 고차 의식의 근본은 자기 자신을 객관적으로 바라보는 메타인지와 자신의 기억을 바탕으로 과거를 반추하고 미래를 계획하고 실행하는 데 있다. 과거의 사실을 현재에 그 기억을 대입하고 문제 해결을 하려는 다분히 '생각 속의 생각'이 인간의 의식이다. 고차 의식을 습관화하면 신경세포가 생성되고 신경세포의 미엘린이 두꺼워지고 시냅스의 발달로 신경망의 네트워크가 확장되며 견고해진다.

아이들에게 스마트폰을 손에 쥐여주지 않아야 할 이유가 여기에 있다. 피드백을 스마트폰에서 받기에 아이는 의식을 조종당하고 있으며 스스로 사고하는 능력이 저하된다. 게임을 할 때 아이가 게임을 주도하는 것이 아니라 게임이 아이를 주도하는 것으로 이러한 피드백을 계속 받을 때는 아이는 피드백을 주기 전에는 움직이지 않는 피드백을 기다리는 아이가 될 수 있다. 엄마가 "너 아직 안 했어?" "언제 할 건데?" "할 시간이 다 되었는데?"라고 부정적인 자극을 아이한테 준다는 것은 아이가 피드백을 기다리고 있고 엄마나 주위에서 피드백을 주기 전에는 어떤 자발적인 행동을 하지 않기 때문이다. 스마트폰을 자주 접하게 되면 이러한 계획적인 행동을 못 하고 누군가의 피드백으로 각성하고 신체를 움직이는 습관을 지니게 된다. 이렇게 낮은 각성상태와 움직임은 아이의 대뇌 기능 즉, 생각하는 기능을 약화해 점점 동물 수준의 뇌로 돌아가게 만든다.

인간은 보고 싶은 것만 볼 수 있고 듣고 싶은 것만 들을 수 있다.

자신이 시각을 확대하여 보면 모든 사물이 눈에 들어온다. 가령 도장에서 도장 실내를 보면 모든 사물이나 수련생들이 시각의 범위 안에 들어오게 되며 관찰되기 시작한다. 하지만 한 수련생과 대화할 때 그 수련생의 얼굴에 집중하게 되고 주위의 사물들은 흐릿하게 배경이 되며 마치 두 눈이 하나의 카메라 렌즈의 초점처럼 되면서 초점이 된 수련생 외에 다른 사물들을 관찰할 수 없게 된다. 이러한 사물을 집중할 때 발생하는 것을 '시각적 조정'이라 한다. 이 '시각적 조정'은 흥미롭거나 자극적인 글을 읽게 되면 우리의 눈은 카메라의 렌즈처럼 하나의 초점 모드가 되어버리면서 주변이 흐릿하게 되는 것을 경험하게 된다.

우리 일상생활에서 이러한 경험은 늘 한다. 우리의 '시각적 조정'은 그냥 눈뜨고 있으면 모든 사물이 시야에 들어 오지만 언급한 흥미롭거나 자극적인 정보를 경험할 때 주변이 흐려지면서 초점이 맞추어져 있는 정보만 또렷해진다.

또, 그냥 귀를 열고 듣고 있으면 여러 가지 주변 소리가 들리지만 흥미롭거나 자극적인 정보를 경험할 때 집중이 심화하면서 우리는 주변에서의 소음들이 안 들리고 자신이 집중한 정보만 들리는 것을 경험할 수 있다. 가령 음악을 듣고 있으면서 책을 읽는다고 가정을 해보면 처음에는 글을 읽으면서 음악도 들을 수 있지만, 흥미 있는 부분을 읽을 때는 음악 소리가 안 들리며 그 책의 내용만 보이는 경우가 있으며 흥미로운 음악을 감상할 때는 반대로 그 흥미로운 음악 외엔 아무 정보도 못 보고 못 듣는 것을 경험한다. 동시에 집중하고 있는 정보를 수반되기 위한 모든 능력이 향상되며 우리가 느끼지 못하는 사이에 뇌도 시각적 조정과 같이 초점 모드로 옮겨간다.

'인간은 보고 싶은 것만 볼 수 있다.'

　사람을 관계할 때 그 사람의 좋은 면을 보고 시작하게 되지만 자주 만나며 그 사람의 많은 모습을 볼 때 실망하며 미워하기도 한다. 언급했듯이 '인간은 보고 싶은 것만 볼 수 있다'라는 것은 그 사람의 장점만을 보고 이쁜 모습만 보고 싶으면 그 사람이 자꾸 호감이 갈 것이다. 하지만 결점만을 본다면 점점 미워하게 될 것이다. 결점이 많은 사람도 이해하고 장점을 자주 바라본다면 충분히 관계 유지가 가능하다는 얘기다. 인간은 관계할 때 어떠한 관점에서 상대를 바라보느냐에 따라 관계가 유지되기도 와해 되기도 한다.

　그림과 같이 사과에 의식을 가져가면 침이 고인다. 사과를 만지거나 먹지도 않았는데도 침이 고인다. 과일의 맛에 이미 전전두엽의 의식이 옮겨가면서 침과 위산 분비를 촉진한다. 물론 신맛이 나는 음식은 미각을 더 강하게 자극하여 의식이 가기만 하면 뇌의 식욕 중추를 더욱 자극한다.

전전두엽에 의식이 가기 위해선 흥미를 유발하는 정보가 있어야 하고 뇌는 새롭고 신선한 정보를 가지고 놀기를 좋아한다. 이러한 정보를 두뇌에서 연합하고 통합하는 과정에서 전전두엽의 피질의 혈류량이 증가하고 관련된 신경전달물질을 분비한다. 같은 정보가 반복적으로 전전두엽을 자극하면 정보가 익숙해지면서 의식의 집중이 줄어들고 자동화되면서 피질에 혈류량이 낮아지고 신경전달물질 분비가 줄어든다.

전전두엽에 의식이 가면서 전전두엽피질에 혈류량이 높아지고 반대로 의식이 낮아지면서 전전두엽피질의 혈류량이 저하되고 신경전달물질 분비가 줄어든다.

전전두엽의 의식이 핵심 정보와 불필요한 정보 중 어디로 집중하느냐에 따라 학습의 효과는 달라진다. 어떤 흥미롭고 자극적인 정보에 의식이 가게 되고 집중하면서 전전두엽피질에 혈류량이 증가하고 집중 상태가 일정 시간 경과하면서 몰입상태가 되고 몰입하는 동안에는 비언어적 상태, 즉 무아지경이 된다. 격렬한 경기에 집중한 나머지 부상 정도를 인지 못 하는 경우가 많다.

가령 축구 경기나 격투기 경기에서 지나친 생존 본능의 몰입으로 자신의 부상 정도나 통증의 정도를 인지하지 못하고 경기가 끝나자 비로소 고통을 호소하는 경우가 있다. 전전두엽의 의식이 집중되면 몰입의 정도에 따라 통증이 통제된다.

이러한 격렬한 운동을 할 때 위험하다고 느끼는 신호에 방어기제가 작동하면서 전전두엽이 더욱 강하게 반응하여 의식을 가져가고 에피네프린을 분비하면서 통증을 느끼지 못하면서 경기하게 된다. 경기가 끝나고 난 후 에피네프린의 분비가 줄어들고 부상을 입었다는 사실을 뒤늦게 알게 되면서 고통을 느끼게 된다. 격렬하고 긴박한 전쟁 상황의 전투에서 생리적 현상(배고픔, 배설, 질병, 고통) 등이 통제된다. 격렬 함의 정도와 긴장의 정도에 따라 차이를 나타낸다.

아이가 레고를 할 때 오롯이 레고 조립에 집중한 나머지 생리적 현상을 모르는 경우가 있다. 레고를 조립하면서 발생하는 흥미의 몰입이 생리적 현상을 느끼지 않게 하는 것이다.

의식을 가져가지 못하면 효과는 반감된다. 태권도 수련 시 스트레칭을 한다면 의식이 스트레칭으로 이완되는 신체 부위에 집중해야 신체의 변화를 기대할 수 있다. 반면 스트레칭의 이완되는 고통으로부터 빨리 벗어나고 싶다는 의식을 하면 스트레칭의 효과는 반감될 것이다.

여기 전전두엽의 의식에 따라 얼마나 다른 결과를 도출하는지 설명을 해주는 실험이 있다.

하버드 대학 심리학과 엘렌 랭어 교수는 '생각'이 우리 신체에 미치는 영향에 관한 실험을 소개했다. 이 실험은 사람들이 자신의 신체활동에 대한 인식을 어떻게 바꾸느냐에 따라 실제로 신체적 변화가 나타날 수도 있고 나타나지 않을 수도 있다는 흥미로운 실험이다.

객실 종업원은 의자를 옮기거나 침대 시트를 교체하거나 청소기로 청소하면서 대해 하루평균 15개의 객실을 청소하고 한 객실당 20분 이상이 많은 활동량이 소요되었지만, 그들의 신체에는 근육량이 증가하거나 체중이 감소하거나 혈압이 낮아지는 운동의 효과는 보지 못했다. 이들은 자신이 많은 활동량에도 불구하고 이 업무가 운동이라 생각하지 않았다.

이 실험은 약 84명의 호텔에서 객실 청소를 담당하는 객실 종업원을 대상으로 진행했다. 엘렌 랭어 교수는 한 집단의 객실 종업원들에게 호텔 객실의 청소가 얼마나 운동 효과가 있는지를 구체적으로 설명했다. 시트를 교체하는 데에는 40kcal, 청소기로 바닥 청소하는 데에는 50kcal가 소모되고 이런 운동량이 혈관과 체중에 어떤 영향을 준다고 말했다. 반면, 다른 집단의 객실 종업원들에게는 충분한 신체활동이 건강에 도움이 된다는 정도의 설명만 해주었다.

4주 후, 각 집단의 객실 종업원들을 대상으로 신체의 변화를 측정하였다. 호텔 청소의 운동 효과를 구체적으로 설명해 주었던 객실 종업원들은 체중, 혈압, 체지방 등이 저하 되었지만, 반면 대조 집단에서는 신체상의 유의미한 변화가 없었다고 말한다.

두 집단은 동일한 호텔 청소 업무를 했지만, 청소 활동이 우리 몸에 주는 유익한 효과들을 인지하고, 청소 시간마다 운동임을 인지하고 청소 활동을 한 객실 종업원의 집단에서만 단기간 유익한 효과들을 증가시킬 수 있었다. 여기서 말하는 '생각'이 어디에 집중하느냐에 따라 건강 상태가 긍정적 변화를 불러올 수도 있고 변화를 불러오지 않을 수도 있다는 실험이다. 여기서 엘렌 랭어 교수의 '생각'은 의식이며 그 의식의 경로는 전전두엽이다. 이 실험이 전달하고자 하는 핵심은 육체를 지배하는 것은 의식이며 의식에 따라 긍정적 효과나 부정적 효과가 나타날 수 있음을 의미한다.

플라시보 효과(placebo effect)는 치료에 전혀 도움 되지 않는 가짜 약제를 심리적 효과를 얻기 위하여 환자가 의학이나 치료법으로 받아들임으로써 실제로 치료 효과가 나타나는 현상을 말한다. 실제로 긍정과 행복, 안정의 신경전달물질이 분비되어 치료를 개선한다. 유명한 의사에게 치료를 받는 것은 플라시보 치료를 극대화한다.

반대로 노시보 효과(nocebo effect)는 유명한 의사가 암 환자에게 한 달 밖에 못산다고 한다면 환자의 의식은 부정적으로 전전두엽에 옮겨가고 시름시름 앓으며 병을 더 악화시킬 것이다.

야근을 하고 몇 시간 밖에 잠을 자지 못했지만, 다음 날 아침의 캠핑이 상쾌한 이유는 무엇일까? 우리는 소위 기분 탓이라고 하지만 실제로 전전두엽 의식이 캠핑의 상쾌함을 상상하면서 플라시보 효과 같은 상태로 긍정과 행복의 신경전달물질 분비를 하는 것이다. 하지만 야근을 하고 다시 업무를 한다고 하면 상황은 전혀 다르게 흘러가고 오히려 스트레스 호르몬을 촉진한다.

어떤 작업이 완료되지 않은 업무가 걱정되어 업무 생각에 잠을 이루지 못할 때도 있다. 반대로 필요 없는 정보에 집중을 하면 오히려 잠이 더 잘 올 때도 있다. 그래서 잠이 오지 않을 때는 양의 숫자를 세보라는 말이 생겼다.

기분이 우울하지만 억지로 웃으면 엔돌핀, 엔케팔린, 도파민 등 즐거움과 행복에 관한 호르몬이 분비될까? 이를 입증한 연구는 미국 캔자스대 연구팀이 대학생을 대상으로 차가운 물에 한 손을 넣고 1분간 버티게 해 몸이 스트레스를 받도록 유도했다. 이 과정에서 한 그룹은 무표정을, 다른 두 그룹은 미소를 지어 해당 표정을 유지하게 했다. 그 결과, 억지로라도 웃은 사람은 그렇지 않은 사람보다 심장박동수가 더 빨리 정상 수치로 돌아왔고 스트레스 회복 속도가 빠른 것으로 나타났다. 전전두엽의 의식이 웃음을 인지할 때 관련된 행복 성질의 호르몬을 분비하는 것이다. 반면 기분이 좋지만 억지로

슬퍼하고 고통스러워한다면 뇌는 억지로 웃는 것과 같은 맥락으로 스트레스 호르몬을 분비할 것이다.

'모든 것은 마음먹기에 달려 있다'라는 말은 마음의 힘이 그만큼 대단하다는 것이며 그 마음은 전전두엽이다.

2) 태권도 위력격파와 코르티솔

태권도의 위력격파와 기술격파 중 위력격파의 뇌과학적 분석에 대해 알아보면 격파는 태권도 기술 연마의 정도를 스스로 측정하기 위한 기술이며 공격 기술이 인체에 치명적인 위력을 갖기 때문에 판자나 벽돌, 기와 등 고형물을 부숨으로써 공격 기술의 정확성, 힘의 집중, 의지력의 위력을 수련자 스스로 경험하게 된다. 일반적으로 기본동작을 수련할 때는 큰 위력이 발생하지 않지만, 위력격파 수련 시에는 왜 평소보다 더 위력이 발생하는지에 대해 생리적 기전을 알아보자.

과거의 역사를 살펴보면 한국전쟁 당시에 잠도 자지 않고 먹을 것도 먹지 않은 채 5일에서 수개월 동안 전투를 치른 경험이 있다. 매우 위험한 경계, 위협 등으로 인해 전투라는 정보에 모든 정신을 쏟느라 미처 신체의 생리적 상황을 돌볼 틈 없는 경우이다. 화장실을 가고 싶은데 갑작스러운 예측하지 못하는 자극적인 정보에 집중하다가 화장실 가고 싶은 것을 잠시 잊는 것도 경험한다. 이러한 경힘은 생존적 몰입에 의해 잘 일어나며 지속적인 몰입에서 일어난다. 특히 남자아이들이 레고에 만들면서 집중할 때, 밥 먹는 것, 화장실 가는 것도 잊는 경우가 많다. 그런데, 이러한 상황이 에너지를 한 곳에 집중하는 효과가 있다.

예를 들어 어떤 경우는 엄마보다 덩치가 큰 아들이 다쳤을 때 언제 그런 힘이 생겼는지 아이를 업고 병원으로 달려가기도 한다. 영화에서 보면 자동차에 깔린 사람을 구하기 위하는 위급한 상황에서 평소보다 더 큰 위력을 발휘하기도 한다. 직장 상사가 나를 화나게 하면 몸을 부르르 떨면서 책상에 손을 내려치면 책상이 부서지기도 한다.

인간은 위급하고 급박한 정보에 노출되었을 때, 위험한 정보에 의식을 집중하게 되고 의식을 집중하고 유지하기 위해 전전두엽은 에너지를 매우 필요하게 된다. 의식의 집중 정도에 따라 뇌 내의 혈류량이 에너지를 요구하는 전전두엽에 집중적으로 모이게 되고 혈류량이 증가하게 되면서 고도의 인지기능을 유발한다. 혈류량이 높아지면 집중의 수준이 증가하게 되고 위기나 경계의 수준에 따라 몰입에 빠지는 정도가 차이가 난다.

이렇게 우리 신체는 매우 급박하고 긴장되고 위협을 느끼게 되면 온몸의 에너지를 위협으로 발생한 스트레스에 집중하는 능력이 있다. 이것은 코르티솔이라는 호르몬 때문인데 코르티솔은 우리의 콩팥 위에 엄지손가락 크기로 콩팥을 감싸고 있다. 코르티솔은 부신피질(adrenal cortex)에서 분비되는 스트레스 호르몬으로 신체가 스트레스에 적응하도록 도와준다. 에너지를 조절하고 면역 반응을 조절하는 생존에 필수적인 기능을 한다.

과도한 스트레스가 있으면 그 스트레스에 대해서 위기로 인식하고 뇌의 시상하부에서 뇌하수체를 통해 신호를 전달하고 부신 피질에서 코르티솔이 분비된다. 부신 피질에서 호르몬이 분비될 때 먼저 부신수질에서 에피네프린이 분비되면서 위기 상황을 극복하기 위해 에너지를 축적하기 시작한다. 우리가 위기 상황이 왔을 때 심장이 쿵쾅쿵쾅 뛰고 눈시울이 붉어지는 증상이 나타나면 코르티솔이 분비하고 있는 것이다.

뇌에서 이 상황이 위기라고 인식되면 코르티솔이 분비되면서 에너지를 축적하게 된다. 이후 혈당수치가 증가하고(에너지를 빨리 공급할 수 있는 당분) 과도한 에너지의 증가로 혈관을 수축시켜 혈압상승이 동반된다.

코르티솔 호르몬은 인간이 위협을 느낄 시 신체의 장기의 에너지를 한 곳으로 집중하는 데 도움을 준다. 문제는 신체의 다른 장기에서 가져온 에너지의 영향으로 스트레스가 장기적일 때 지속적인 에너지를 요구하면서 에너지를 끌어다 쓴 장기에서 면역기능이 떨어지게 된다.

위력격파를 할 때 격파물에 집중하면서 전전두엽이 위급한 위협이나 급박한 경계로 인식되고 이러한 정보는 과도한 스트레스로 분석하여 시상하부에서는 부신호르몬을 분비하기 시작하며 신체의 에너지를 전전두엽이 원하는 정보에 집중적으로 모이게 되고 일반적인 상황보다 더 많은 에너지를 팽창하고 순간적으로 폭발하게 된다. 이런 경우 단기적으로 집중력, 기억력을 증가시키지만, 과도하고 지속적인 스트레스에 반응할 때 신체의 면역기능이 떨어지고 노화를 촉진한다.

코르티솔의 인공 화학적 결과물이 바로 스테로이드이다.

3) 태권도 옆차기의 절차 기억(Procedural Memory) 기전과 신경망

신경망은 여러 신경세포가 연결되어 신호를 전달하고 처리하는 네트워크다. 학습과 기억, 감각 처리 등을 담당하고 뉴런 간 시냅스의 발달로 연결이 강화되거나 약화하며 학습이 이루어진다. 자극이 수상돌기를 통해 유입되고 세포체에서 신호를 처리하고 축삭을 통해 신호 전송하고 시냅스에서 신경전달물질을 방출하여 다음 뉴런으로 전달한다. 뇌는 약 860억 개의 뉴런으로 구성되어 있으며, 각각 수천 개의 연결을 가진다.

암묵적 기억은 절차 기억(Procedural Memory)과 감정 기억(Procedural Memory)으로 구분되는데 특정 사실과 사건들로 기억되는 서술기억(declarative memory) 또는 명시적 기억(explicit memory))과는 달리 과거에 배웠던 학습에 대해 생각하지 않고도 이를 이용할 수 있는 특징을 가지고 있다. 음악가와 운동

선수는 이 절차 기억을 통해 남들보다 뛰어난 능력을 발휘한다. 절차 기억(Procedural Memory)은 우리가 반복적인 경험을 통해 익힌 기술이나 습관을 무의식적으로 수행할 수 있도록 하는 기억을 말한다. 예를 들어, 자전거 타기, 운전하기, 타자 치기, 수영하기 등의 활동이 절차 기억에 해당한다.

다시 가고 싶은 카페가 있으면 카페까지 가는 길의 기억을 더듬어보면 자신과 언어로 구성된 대화를 하면서 서술기억에 의해 구체적으로 되살릴 것이다. 즉, 약국에서 우측으로 돌고 좁은 골목길에서 좌측이라고 생각한다. 그러나 자전거를 타는 방법, 수영하는 방법, 달리기, 배드민턴, 농구 슛동작, 자동차 운전 등 한 번 배웠었다면 절차 기억에 의해 수년이 지난 후에도 구체적인 노력 없이 이를 가능하게 만들어 준다. 소뇌(cerebellum)는 운동의 정밀성과 균형을 담당하여 반복적인 운동을 통해 더 부드럽고 효율적으로 움직이도록 돕고 기저핵(basal ganglia)은 운동을 자동화하고 부드러운 연속 동작을 가능하게 한다.

이렇듯 운동 기술은 처음에는 의식적 노력이 필요하지만, 점점 익숙해지면서 집중 수준이 줄어들고 반복 훈련을 통해 절차 기억에 저장되면 자동으로 수행된다. 또한 서술기억은 언어를 통해 설명될 수 있지만, 절차 기억을 서술기억처럼 표현하는 것은 쉽지 않다. 누군가에게 길을 가르쳐주는 것은 간단하지만, 운전을 말로 가르치는 것은 어려운 이유다. 서술기억에는 주소나 전화번호를 기억하거나 특정 사실을 기억하는 것이 포함된다.

인간은 태어날 때 필요한 모든 신경세포를 가지고 태어나지만, 이들은 학습과 경험을 통해 성질을 갖게 된다. 학습과 환경의 경험을 통해 신경세포들의 성질이 만들어지고 서로 비슷한 성질의 뉴런이 연결을 시도한다. 절차 기억은 반복된 신호가 신경세포가 연결되는 시냅스를 강화하면서 신경망을 형성된다. 이러한 기억은 기억상실증 환자도 비교적 보존할 수 있을 만큼 강력하며, 학습 후 자동화되면 별다른 의식적 노력이 없어도 수행할 수 있다.

1번이 뒷발 밀기, 2번이 무릎 접기, 3번이 무릎올리기, 4번이 허리 틀어 차기라고 하면 1번 뒷발 밀기를 연습하면서 2번 무릎 접기를 함께 연습하면서 1번과 2번을 숙달한다. 이때 3번의 무릎올리기를 각각 연습하고 1번, 2번, 3번을 연결해서 연습할 것이다. 이후 같은 방법으로 4번까지 연습하면 1개의 구성체가 된다. 이것이 절차 기억을 형성하는 기전이다. 각기의 동작 수행에 관한 뉴런은 연습을 통하여 각각 하나의 신경망을 형성한다. 1~4번까지 반복하면 기억은 점점 강화되면서 뉴런들로 구성된 신경망이 견고해진다.

　1~4번까지 반복했다더라도 부드럽게 연결되는데 많은 시간이 투자되고 또 실전에 대입하며 사용하기가 매우 어렵다. 그래서 각 동작을 각각 연습하고 각각의 동작을 서로 연결해서 연습하고 다시 완성된 연결 동작이 겨루기나 품새에 대입하여 자신이 위급할 시나 필요할 시 되새김이나 어떤 생각의 절차 없이 사용할 수 있다.

뇌발달에 영향을 주는 태권도

1) 자기 조절력(self-regulation)을 향상하는 태권도
2) 최고의 몰입을 제공하는 태권도
3) 태권도는 두뇌 운동

7. 뇌발달에 영향을 주는 태권도

1) 자기 조절력(self-regulation)을 향상하는 태권도

도장에 입관 시 학부모님에게 태권도장에 입관하는 동기를 여쭈어보면 '아이가 하고 싶어 해서', '친구들이 많아서, 혹은 친구 따라' 등 별 이유 없이 도장에 방문하고 입관하게 되는데 여기서 중요한 점은 이러한 별 동기 없이 입관하는 수련생들은 휴관도 쉽게 한다는 것이다. 그래서, 지도자는 태권도 교육의 정확한 상담과 성장 방향을 설명하고 학부모에게 태권도 교육에 대해 기대심을 가지게 하며 효과를 제공할 필요가 있다.

자기 조절력(self-regulation)은 자신의 감정, 충동, 행동, 사고를 의식적으로 조절하여 목표를 달성하고, 장기적인 이익을 추구하는 능력이다. 자기 조절력은 감정 조절(Emotional Regulation), 충동 억제(Impulse Control), 주의 조절(Attentional Control), 인지적 유연성(Cognitive Flexibility), 동기 조절(Motivation Regulation), 자기 인식(Self-awareness)으로 구성한다.

'감정 조절'은 스트레스나 불안을 관리하고 감정을 적절하게 표현하는 능력이며, 화가 났을 때 즉각적으로 반응을 하지 않고 문제 상황을 객관적으로 바라본다.

'충동 억제'는 즉각적인 부상을 지연시키고 장기적인 목표를 위해 유혹을 이겨내는 능력으로 먹고 싶은 음식을 조절하고 갖고 싶은 것을 필요한 것인지를 다시 한번 점검한다.

'주의 조절'은 산만함을 억제하고 핵심 정보에 집중하는 능력이며, 공부 중에 스마트폰을 보고 싶은 충동을 억누르고 계속 집중을 유지하게 한다.

'인지적 유연성'은 상황에 따라 사고방식을 바꾸며 문제 해결 방식을 조절하는 능력이고, 예상치 못한 문제가 발생했을 때 다른 해결책을 모색하면서 유연하게 대응한다.

'동기 조절'은 목표를 향한 동기가 좌초되지 않게 유지하고 문제를 극복하면서 꾸준히 노력하는 능력이며, 운동이 귀찮아질 때 장기적인 건강해진 자신을 떠올리며 계속 실천한다.

'자기 인식'은 자신의 감정, 생각, 행동패턴을 인지하고 반성하는 능력이며, 반복적 실수의 원인을 분석하고 개선책을 찾는다.

현재 자원의 연령 추이를 보면 단연 유아의 입관이 높은 비율을 차지한다. 5~7세의 시기는 전두엽의 종합적 사고가 발달하는 시기다. 전두엽 발달은 5~7세에 종합적 사고가 발달 가속화되다가 초등학교에 입학하면서 점진적으로 발달하고 11세 이후부터 다시 발달 가속화된다. 5~7세 시기에 학부모님은 여전히 여기저기 주변 지인을 통해 영어 교육이나 수학 교육을 배우기 위해 여러 학원을 계획하기에 분주하다. 하지만, 이러한 지식을 쌓기 전에 학습을 위해 갖추어야 할 자질 즉, 도덕성, 성실과 같은 인성 등과 일관성, 계획, 감정 조절과 같은 두뇌 환경을 갖추는 것에 더욱 관심을 가져야 한다. 학습에 필요한 자질과 인성은 바로 계획 능력과 인내심이다. 이것을 큰 의미로 생각하면 자기 주도성, 자기 조절력이라고 생각한다.

많은 부모님이 남들보다 뒤떨어질까 봐 하루라도 이른 시기에 학습을 독촉한다. 하지만 남들보다 먼저 학습을 시도한다고 해서 더 많은 학습량을 부과한다고 해서 위의 자질과 인성 즉, 계획 능력과 인내심 없이는 학습은 모래성이 되어버리고 만다.

계획 능력에 관심을 두지 않고 초등학교를 입학하면서 결국 계획 능력이 저하되어 있는 모습을 볼 수 있는데, 고학년이 되어서 부모들이 자녀에게 "빨리해라!", "아직 안 했니?", "언제 할 거니?" '이거를 해라' '저거를 해라' 하는 것은 5~7세 때 계획 능력을 배양하지 못했기 때문에 결국 처음으로 되돌아가 계획 능력의 부재를 따지게 된다. 이렇게 되면 학습은 좀처럼 진행되지 못하고 계속 정체하거나 정체가 지속되면서 퇴보하는 모습을 볼 수 있다. 또, 인내심은 어떠한 결과를 만들어 내기 위해 참고 견디고 결과를 통하여 성취감 등의 보상을 기대할 수 있다.

태권도 교육의 함축적 의미는 인간다운 생활을 하기 위한 것이고 인간다운 생활을 하기 위해서 사회의 구성원이 되어 적응하면서 그 역량을 펼치는 것이라 말할 수 있다. 그것은 사회에서 자기의 잠재력을 잘 펼치고 사회에서 규칙 잘 지키며 주변 사람들에게 인정받는 것이다.

같은 맥락으로 부모님이나 지도자가 원하는 것은 아이들이 초등학교에 들어가서 중요한 1학년 때 주도적으로 자신을 표현하는 것이고, 이것은 단체 속에서 리더십으로 발휘하게 된다.

자기 주도성은 위와 같은 상황에서 스스로 의식을 발휘하며 '주도적으로 자신의 일을 이끌어 나가는 성질'이다. 자기 주도성은 아이가 취학 후 얼마나 학교에 대한 적응 정도를 나타낼 것이다. 많은 부모가 아이가 초등학교에 입학하면 '선생님을 잘 만나야 한다.' '좋은 친구를 사귀어야 한다.' 등의 많은 걱정을 한다. 이러한 걱정의 전제는 주변의 환경이 아이에게 얼마나 적합한지에 대해 집중하고 있다. 하지만 자신의 아이가 초등학교를 입학하기 위해 학교라는 사회에 적응할 수 있는 준비를 했는지는 간과하고 있다. 얼마나 자녀가 학교적응에 필요한 준비와 훈련을 했는지가 가장 관건이다.

또한, 학습에서 중요한 것은 자기 조절력이다. 불필요한 정보를 경계하며 환기하고 통제할 줄 아는 능력이다. 자기 조절력은 어떤 업무를 해내기 위해 핵심 정보에 대해 방해되는 요소를 제거해 나갈 수 있는 능력이다. 예를 들면 감정 조절 등 업무 진행의 중추적 역할로 필요한 정보에 따라 그 정도를 맞추는 능력이다. 자신의 감정을 조절하며 적절히 통제해야 목표에 도달할 수 있다.

인내심, 극기, 감정 조절 등 우리가 흔히 알고 있는 '마시멜로의 실험'에서 본 것과 같이 자신을 조절할 줄 아는 능력을 가진 아이들 즉, 마시멜로를 먹지 않고 15분 후 선생님이 올 때까지 기다렸다가 마시멜로를 추가로 받은 학생들은 학업성취도, 높은 사회적 지위, 낮은 스트레스의 조절 능력이 우수했다. 10년, 20년 후 추적 조사에서도 성인이 되어도 좋은 인간관계를 유지하고 경제적으로 안정되었고 마시멜로를 즉시 먹은 아이들은 충동 조절이 약하고 성인이 되어서도 대인관계에 더 많은 어려움을 겪었다. 물론, 이 실험은 부모의 사회적 경제적 배경이나 학력, 양육 방식 등의 변인이 존재하지만, 대인관계든 목표나 도전, 사회에서든 인내심 등의 조절력이 근본으로 깔려 있으며 IQ가 높은 아이보다 정서교육이 잘된 아이들이 사회에서 성공할 확률이 높듯이 시사하는 바가 크다.

　태권도 교육은 사회성의 측면으로 볼 때 혼자 배우면서 진행하면 가장 부족한 교육이라고 생각한다. 태권도 교육을 개인 수련이라면 태권도 교육 효과를 극대화하지 못하는 것이라 말할 수 있다. 태권도 교육의 장점은 혼자서 하는 것이 아니라 상대와 수련을 적극 활용해야 하는 교육이고 이것을 통해 주도성이 발달한다. 사범님에게 동작을 지도받으면 스스로 연습하면서 숙지했다가 파트너인 상대에게 지도하는 수업, 소그룹을 지도하는 수업, 단체지도력 수업으로 지도력을 강화, 확대해야 한다. 태권도는 존중, 인내, 절제 등의 예절을 강조한다. 훈련 중 사범님의 지시에 따르며 질서를 배우고, 자기 행동을 조절하는 법을 익힌다.

　태권도 수련이 아동의 자기 조절력 향상에 긍정적인 영향을 미친다는 연구 결과가 있다. 영국 서리대학교 연구팀은 7~11세 초등학생 240명을 대상으로 11주 동안 주 2회, 회당 45분씩 태권도 수업을 진행한 그룹과 일반 체육수업을 받은 그룹으로 나누어 비교했다. 그 결과, 태권도 수업을 받은 학생들이 자기 조절력과 주의력 통제에서 더 나은 성과를 보였으며, 문제 행동도 감소한 것으로 나타났다. 또한, 국내 연구에서도 태권도 수련이 초등학생의 자기 조절력과 사회성 발달에 긍정적인 영향을 준다는 결과가 보고되었다.

연구에 따르면, 태권도 교육은 어린이와 청소년의 충동 조절, 집중력, 감정 조절 능력을 키우는 데 긍정적인 영향을 미친다고 한다. 성인에게도 스트레스 관리와 자기 통제력을 높이는 데 도움이 될 수 있다고 했다.

태권도장에서 자기 조절력을 배양하기 위해서는 첫 번째 예의와 규칙, 두 번째 사회성 발달, 세 번째, 심사가 있다.

첫 번째, 예의와 규칙은 규칙이 몸에 익숙해지기까지 아이들은 힘들 것이며 이 과정에서 참고 견디는 조절력을 배양한다. 전문가들은 하나의 규칙을 몸에 익숙해질 때까지 66일이 필요하다고 했다. 이 말은 하나의 좋은 습관이 몸에 배게 하는 시간이다. 태권도는 다른 스포츠와 운동 종목에 비해 규칙이나 규율이 엄격하다.

두 번째, 사회성 발달을 통해 조절력을 배양한다. 우리의 성격 형성은 부모님을 통해서나 환경을 통해서 발달하였다. 그러므로 자신의 같은 생각을 하는 사람은 없으며 서로 다른 사람을 인정하면서 생활해야 한다. 꾸준한 연습이 필요하므로 인내심과 끈기를 기르는 데 도움이 되며 이것은 어른들도 힘들며 서로 갈등을 일으키는데 어렸을 때부터 훈련을 통하여 서로 다른 상대를 이해하며 배려하게 되는 것은 대단히 중요하다. 서로 다른 성향의 상대는 자신의 맘대로 되지 않을 것이며 상대를 이해할 수 있게 기다려 주는 마음과 꾸준히 관계를 유지하려는 노력이 있어야 하므로 이 과정에서 조절력이 배양된다.

세 번째, 도장 승급심사를 통하여 조절력을 배양한다. 태권도는 단계별(띠) 승급 과정이 있어, 목표를 설정하고 이를 이루는 과정을 배운다. 저연령 수련생에게는 더 구체적인 피드백의 목표와 보상이 이루어져야 한다. 목표가 너무 멀리 있으면 피부에 와닿지 않고 포기하기 쉬우므로 하루 목표와 보상, 주별 목표와 보상, 월별, 연간의 목표와 보상이 체계적이면 좋다.

부모님의 컴플레인으로 승급심사를 합격시켜 주는 사례를 종종 찾아볼 수 있는데 이것은 신규상담 시 꼭 강조해야 할 사항으로 승급심사가 무너지면 도장의 교육이나 교육을 통한 효능은 무용지물이다. 수련생이 아무것도 하지 않았는데 보상이 주어진다면 이것이 학습된다면 수련생의 미래에 무엇이든 쉽게 생각하고 결과를 기대할 것이다. 이런 습관이 익숙해진다면 심사와 같은 객관적인 평가를 하는 지표에서 곤란한 상황을 겪을 것이며 이것이 곧 아이의 미래 사회라고 생각하며 교육의 일관성을 가져야 한다.

수련생의 미래에 희망하는 목표가 있다면 자기 주도성과 자기 조절력 등의 능력들이 수반되면 훨씬 수월하다.

2) 최고의 몰입을 제공하는 태권도

　많은 학부모가 태권도를 하면 집중력이 좋아지는가에 대해 질문한다. 수련생을 지도하는 지도자도 태권도를 하면 집중력이 좋아진다는 말에 이견이 없을 것으로 사료된다. 너무나도 보편화되어 있는 질문이어서 간과하기가 쉬운데 지도자에게 어떻게 집중이 발휘되는지를 물어보면 답변하기 어려울 것이다.

　실제로 학부모님의 상담 시 지도자가 태권도를 하면 집중력이 좋아진다고 상담하면 학부모님께서는 '태권도를 어떻게 하기에 집중력이 좋아지냐?'라고 의문을 가질 수 있다. 그래서 어떻게 해서 집중력이 생기는지에 대해 지도자에게 반문한다면 답변하기 어려울 것이다. 이 질문은 과연 태권도 수련을 어떻게 하기에, 집중력을 기를 수 있는 어떤 구조로 되어 있기에 집중력이 좋아지냐는 질문이다.

　그러면 지도자들에게 태권도를 수련 교육 중 어떤 교육이나 어떤 수련이 집중력을 높여 주냐고 물어보면 여태의 대답은 격파를 하면 격파물의 중앙을 맞춰야 하고 모든 의지를 그곳에 집중해야만 격파가 되기에 집중력을 향상할 수 있지 않느냐고 반문한다. 물론 이 말도 틀린 말은 아니지만, 대단히 막연한 말씀이며 태권도가 집중력을 향상하는 과학적 기전에 대해 말해야 하며 지도자는 그것을 근거로 의도적 수련을 전개해야 한다.

우리가 제품을 판매한다면 가령, 화장품을 판매한다고 가정한다면 왜 이 제품을 사용하면 피부가 좋아지는지를 알아야 할 것이고 이것을 고객에게 설명해야 할 것이다. 지도자가 정말 태권도에 대해 전문가라면 태권도에 대한 지식적 질문을 과학적 근거 있는 설명을 할 수 있어야 할 것이다. 이러한 근거 있는 설명은 학부모님의 신뢰를 이끌 것이며 이러한 지식이 올바르게 전달되었을 때 태권도의 저변화는 더욱 확장된다.

먼저 뇌가 최고의 인지 상태를 몰입이라고 하면 몰입이 발동하기까지의 기전에 대해 나누어보면 먼저 뇌가 깨어있는 상태의 각성이 이루어지고 이것을 바탕으로 집중하게 되며 집중이 지속해서 이루어지면 몰입에 빠지게 된다.

집중이란 주어진 작업이나 목표에 주의를 기울이는 능력, 외부 방해를 최소화하고 하나의 대상에 신경을 쓰는 상태다. 한가지 정보에 집중하는 상태로 '불필요한 언어적 사고가 존재하지 않는 상태'라고 한다. 심리적으로는 '어떤 언어적 사고도 존재하지 않고 작업이나 행위에 몰두하고 있는 상태'라고 설명한다.

생각할 때 우리는 자신과의 마음의 대화를 나누게 되는데 이것이 모두 언어로 되어 있다. 우리가 집중한 상태를 생각해 보면, 핵심적인 문제만 적극적 해결하려는 나머지 그 외에 정보에는 관심이 없는 상태가 되고 만다. 이런 상태일 때 우리는 마음의 대화를 멈추게 되고 비언어적 상태가 되면서 집중이 유지된다. 메타인지를 발휘하여 "무엇을 해야 하는가?"를 명확히 정리하면 집중하기 쉬워진다.

공부할 때 스마트폰을 멀리하고 눈앞의 책에만 신경 쓰는 것이다. 어릴 때부터 이런 핵심 정보와 불필요한 정보를 구분하고 통제하는 능력을 향상하는 게 좋다. 어른이 되어서도 핵심 정보와 불필요한 정보를 놓치게 되는 상황이 많다. 예를 들어 과제를 하기 위해 노트북을 열었지만 금방 잊고 유튜브나 게임을 한다든지 현대를 살면서 많은 정보 속에서 불필요한 정보를 걸러내는 것이란 쉽지 않다. 그래서, 어렸을 때 책상에 왜 앉았는지 공부하기 위해 앉았는지 게임을 하기 위해 앉았는지 식사할 때 식사를 위해 앉았는지 스마트폰을 보기 위해 앉았는지 등 이런 핵심 정보에 관한 메타인지를 자극하는 훈련을 하면 집중하는 데 많은 도움을 준다.

몰입(Flow)은 집중을 넘어 시간이 흐르는 것도 잊을 정도로 어떤 활동에 깊이 빠져드는 상태다. 심리학자 미하이 칙센트미하이(Mihaly Csikszentmihalyi)는 몰입을 "도전과 능력이 적절히 균형을 이룰 때 경험하는 최적의 경험"이라고 설명했다. 예를 들어, 좋아하는 독서나 스포츠 경기를 할 때 시간 가는 줄 모르는 경험이 이에 해당한다.

몰입은 집중보다 높은 수준의 상태로 무언가에 흠뻑 빠져 심취해 있는 무아지경의 상태다.

우리가 어떤 정보에 심취해서 시간 가는 줄 모르고 방안에 누가 왔다가 간 줄 모르는 상태가 있는데 이것을 몰입에 비유한다. 물이 끓기 전 99도의 상태를 집중이라고 한다면 물이 끓기 시작하는 100도를 몰입의 상태라고 표현하기도 한다. 집중과 몰입은 자주 경험할수록 느낌을 알게 되고 그 느낌을 대상에 옮겨오는지 점검하면서 쉽게 집중 모드가 될 수 있다.

인간은 각성상태에서 집중 상태로 옮겨가고 집중 상태에서 일정 시간이 계속 유지되면서 몰입에 빠진다. 또, 집중을 하기 위해서는 자신의 심리상태가 조절이라는 정서가 기본적으로 깔려 있어야 한다. 불필요한 정보를 억제, 통제, 조절하지 못하면 정서가 안정되지 못하며 불안정한 정서로는 오롯이 집중할 수 없다. 여기서 알아야 할 중요한 사실은 어떤 훌륭한 수업을 해도 집중력이 좋아질지 안 좋아질지는 지도자가 의도해야 한다.

인간은 무엇으로 쉽게 집중하는가에 대한 답변은 '흥미'이다. 인간이 쉽게 집중할 수 있는 배경에는 그 정보가 과연 흥미라는 것이 존재하느냐는 중요 요소이다.

커피숍에서 다른 테이블에서 흥미로운 얘기를 할 때 우리는 멀리서도 그 얘기에 귀를 기울이며 집중하는 모습을 발견할 수 있다. 길을 가다가 남의 우스꽝스러운 모습이나 노래하는 버스킹을 보면 그 자리에 멈춰 집중하는 모습을 발견하곤 한다.

그럼 싫어하는 학습에 집중하는 이유가 무엇이냐고 반문할 수 있지만 학습은 전에 알던 것 지금 알고 있는 것을 연결하고 대입시키려는 과정에서 흥미라는 것이 발생한다.

아이들에게 "여길 봐야지!, 집중해야지!" 한다고 해서 과연 집중할까? 그러다가 집중을 하지 않으면 아이들에게 집중을 못 하는 것이 본인의 의지력 문제로 결부시켜 버리는 것은 바람직하지 않다. 지도자는 자신이 과연 아이들에게 집중을 유도할 만한 수업을 하고 있는지가 점검해야 한다.

집중을 유도하기 위해선 자신이 집중을 유도 할 만한 흥미를 유발하는 구조적 수업을 하고 있는지, 또는 경쟁은 적절히 시키고 있는지, 시상은 적절히 하고 있는지, 상황에 맞는 피드백의 장치는 마련되어 있는지이다. 몇몇 수련생이 태권도에 흥미를 느끼고 수업한다고 해서 태권도를 수련하면 집중력이 향상된다고도 보긴 어렵다. 집중을 유도하는 구조적인 수업 없이는 태권도를 수련하면 당연히 집중력이 향상된다고 보긴 어렵다는 결론이다. 또, 평소 집중력이 높은 수련생의 변화를 바라는 것보다 평소 집중력이 낮은 수련생들의 변화를 관찰해야 한다.

인간은 어떤 구조적 정보에 집중이 반응하는가에 대해서는,

첫 번째, 새로운 정보에 대해 집중은 쉽게 반응한다. 우리가 알고 있던 것, 자주 하는 것은 자동화가 되기 쉽다. 그래서 우리가 하루의 매번 반복된 일과의 기억을 잘 못 하는 것이고, 부모와 함께 자전거를 처음 탔을 때, 놀이공원에 갔을 때, 초등학교를 입학했을 때, 졸

업했을 때 등 매우 신나고 겁나고 흥분하고 행복하고 분노하는 감정이 개입한 기억을 장기기억으로 처리하기 쉬운 것이다. 새로운 자극일수록 우리가 기억하기 쉬운 것은 새로운 것을 알지 못하고 예측하지 못하고 불규칙한 리듬을 제공하면서 뇌는 흥미라고 인식하고 집중을 가져갔기 때문이다. 영화가 지루한 부분에서는 각성이 낮아지면서 졸음이 오지만 갑자기 자극적인 장면, 무서운 장면이나 잔인한 장면에 각성상태가 높아지며 눈을 떼지 못한다. 아무리 재밌는 영화도 두 번 이상을 보기 힘든 것은 재미있었지만, 알고 있는 내용이기 때문이다. 우리의 뇌는 이같이 평소 알지 못한 것, 신선하고 새로운 자극의 정보를 가지고 놀기를 좋아한다.

두 번째, 단계별 정보에 대해 반응한다. 단계별 정보라 함은 앞에 배운 것과 지금 배우는 것 다음에 배울 것이 전혀 이질감과 괴리감 없이 자연스러운 연결을 말한다. 그러니까 앞서 배운 것보다 조금 더 복잡하거나 난이도가 존재하면 우리의 뇌는 앞엣것과 뒤엣것을 서로 연결해 사고하게 된다. 선행된 배웠던 것과 지금 배우는 것이 서로 관계가 있으며 점진적으로 난이도가 설정되어 있으면 우리는 집중하게 된다.

세 번째, 즉각적이고 예측하지 못하는 정보에 반응한다. 공포 영화에서 언제 무엇이 튀어나올지 예상된다면 우리가 흥미를 느끼고 영화를 보긴 어렵다. 언제 일어날지 모르고 예측하지 못하는 정보에 뇌는 쉽게 반응한다.

몰입 중 가장 강력한 몰입은 아마도 생존 몰입이다. 왜냐하면 죽느냐 사느냐가 결정되는 상황에서 다른 주변 자극에 관심을 가질 수 없는, 집중을 안 할 수 없는 상태이기 때문이다.

가령 사자가 자신을 쫓아 온다면 딴생각 혹은 멍한 상태가 가능할까? 생존 몰입은 몰입 자체가 집중을 안 하고 버틸 수 없는 정보이다.

태권도 교육의 집중력 배양은 바로 태권도의 생존 몰입이라고 생각된다. 생존 몰입에 가까울수록 인간은 쉽게 몰입하게 되어 있다. 학습할 때나 운동을 할 때나 이런 생존 몰입이 일어난다면 아마 짧은 시간에 엄청난 발전을 가져올 것이다.

그러면 태권도 수련에서 생존 몰입을 일어나게끔 하는 수련이 무엇이 있을까? 제일 먼저 떠올리는 것이 바로 '겨루기'일 것이다. 겨루기할 때 자칫 딴생각을 하면 자신이 상대의 공격에 당할 수 있는 상황이 벌어진다. 겨루기할 때 흥미를 유발하는 요소들이 많이 있다.

그것은 상대와 거리 유지, 경계, 긴장, 예측하기 어려운 공격과 방어 등이다. 상대가 멀어지면 다가가야 하고 가까이 오면 자신이 반격할 수 있는 거리를 조절해야 한다. 또, 상대의 공격과 방어를 예측하기 어렵다. 그래서 종료될 때까지 긴장해야 하며 경계해야 한다. 지속해서 경계를 하지 않으면 자신이 위험에 빠질 것이며 이러한 심리적 요소가 유지 작용하고 있다.

이렇듯 현대를 살아가면서 여러 매체에 주의를 빼앗기고 있는 지금 아이들은 인간의 가장 기본적인 본능인 생존 본능을 잃어버리고 살아가고 있다. 그런 아이들에게 생존 본능으로 몰입을 함양하는 겨루기가 실제로 도장에서 찾아보기가 힘들어지는 실정이며 겨루기 교육을 활성화하며 주의력의 시간을 점점 늘려보면 집중과 주의를 향상할 수 있다.

태권도의 집중력이 학습으로 이동하여 전개되기 위해서는 태권도를 수련하면서 발생하는 몰입의 느낌을 잘 전달하며 학습에도 이러한 느낌을 경험하는지에 대해 지도하는 것이 좋다.

'젖 먹던 힘을 다해'라는 말을 들어 보았을 것이다. 아기가 엄마의 젖을 먹으며 양손을 움켜쥐고 온 힘을 자기 입술과 호흡에 집중하며 엄마의 젖을 먹으며 이마에 땀이 송골송골 맺히는 모습을 상상할 수 있다. 이때 아기는 자신 앞에 있는 젖이라는 먹이를 먹고 살기 위해 온 힘을 다 쏟는 것이다. 한마디로 안간힘을 쓰며 소위 '용을 쓴 것'이다. 어렸을 때 우리는 대단히 몰입하는 존재였다. 그런데 시간이 지나면서 정보의 바닷속에서 유해한 많은 정보를 접하면서 주의를 점점 잃게 된 것이다.

태권도장에서는 아기 때 젖 먹던 힘을 발휘할 수 있도록 지도해야 하며 이런 지도가 수련생에게 집중력을 배양할 것이다.

3) 태권도는 두뇌 운동

두뇌가 정보를 처리하기 위해서는 먼저 먼저 뇌의 각성이 이루어져야 한다. 각성이란 신체를 가동하기 위한 예비단계로 꼭 필요한 요소이다. 각성은 환경에 주의를 기울이거나 반응할 준비가 된 상태를 의미한다. 각성은 신경계의 활성 수준을 나타내며 주의력과 경계 상태와 관련이 깊다. 낮은 각성상태는 멍하고 졸리거나 무기력할 수 있고 높은 각성상태는 주위에 예민해지거나 지나치게 과각성하면 짜증과 분노를 동반할 수 있다. 그러므로 각성은 단순히 '깨어있음'에서 '완전한 긴장 상태'에 이르기까지 연속적인 스펙트럼을 나타낸다. 신경전달물질은 노르에피네프린과 도파민, 아세틸콜린 등의 신경전달물질이 뇌의 각성을 조절한다.

다음 그림은 두뇌가 점점 각성하는 단계의 상태를 나타낸 것이다. 누워있을 때는 우리의 각성상태가 저하되어 있다. 그래서 앉는 것이고 앉는 것보다 서는 것이 좀 더 각성할 수 있다. 회사에 지각하거나 업무가 지연되는 경우가 여기에 해당한다. 아침에 알람이 울렸지만, 눈을 뜨고도 침대에서 벗어나지 않는데, 자신은 언제든지 몸을 일으킬 수 있을 것으로 생각하지만, 결과는 신체가 침대에서 이완 상태가 유지되고 있으므로 주의를 갖추는 데 시간이 걸린다. 침대에 누워서 눈을 뜨고는 있지만 각성이 낮은 상태로 뇌의 순발력을 요구하기에는 어려운 상태이다. 각성 수준을 높여야만 하기에 누워 있는 것보다 앉아보는 것이고 앉는 것보다는 몸을 일으켜 화장실을 다녀오거나 물을 한 잔 마시면 뇌가 점점 각성하게 된다.

그러고는 천천히 걸어보는 것이다. 그러면 좀 더 각성할 것이고 뛰면 더욱 각성할 것이다. 뛰는 상황이 지속되면 과각성되고 쉽게 이완되지 않는 것을 경험하게 된다. 그보다 축구 같은 구기종목을 하면 최고의 각성을 얻을 것이고 좀처럼 이완이 되지 않고 혹여나 야간에 진행되었다면 쉽게 잠을 이루기가 어려울 것이다. 신체의 움직임이 뇌의 각성과 관계가 있는 것이다. 걷기를 하면 전두엽이 점점 활성화되기 시작하지만, 미비한 수준이므로 조깅 수준의 달리기를 하면 좀 더 활성화될 것이다. 물론 인간은 이족보행에 익숙해져 있고 자동화되어 있으므로 자극을 느끼기는 힘들며 그 효과 또한 미비하다. 그럼 단거리 달리기처럼 최대속력으로 달리면 전두엽의 활성이 가속화될 것이다. 그리고 그 속력을 유지할 수 있는 거리까지 달리면서 지치게 되고 지치면서 의도적인 집중을 위해 전두엽에 혈류량을 증가시킨다. 이때 소뇌는 이족보행을 하는 신체의 균형을 잡기 위해 분주할 것이다.

그러면 균형을 잡는 운동은 어떨까? 균형을 잡으면서 중심축을 변화시키는 운동은 어떨까? 중심축을 변화시키면서 방향도 변화하는 운동은 어떨까? 점점 복잡한 운동으로 복합적으로 연결되는 운동이라면 두뇌에 도움이 될 것이며 또 복잡한 동작이 구분되어서 진행되는 것보다 동시다발적으로 진행했을 때 더욱 신경가소성에 도움이 될 것이다.

많은 전문가가 두뇌 운동에 관심을 가지며 어떤 운동이 두뇌에 효과적인 영향을 주는지에 대해 지속해서 연구 중이다. 15분간 달리기가 통한 '인지력의 유연성'을 향상했다는 연구, 일회성 탈진적 운동이 BDNF를 증가시켰다는 연구, 고강도 운동, 유산소운동이 두뇌에 영향을 준다는 연구는 익숙할 만큼 쉽게 접할 수 있다.

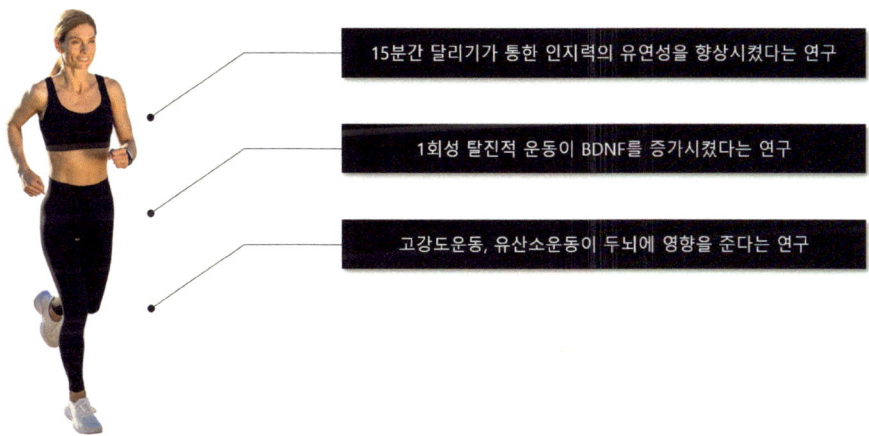

이처럼 에르고미터나 트레드밀 운동에서의 실험 결과는 단지 달리기와 같은 심폐, 유산소운동만 하더라도 뇌 활성화나 신경전달물질을 분비한다는 것이다.

Current Directions in Psychological Science

The Impact of Motor Activity and Inactivity on the Brain: Implications for the Prevention and Treatment of Nervous-System Disorders

Martin T. Woodlee, Timothy Schallert
First Published August 1, 2006   Research Article
https://doi.org/10.1111/j.1467-8721.2006.00436.x

Article information

Abstract

Since Donald Hebb's pioneering work, psychologists have known that variations in physical activity and experience can alter the brain. Beneficial effects on brain health and function have been demonstrated in complex environments, though these effects may be negated by sudden changes in social structure. Such manipulations can alleviate the deficits associated with several nervous-system disorders and aging. But how increased activity produces its beneficial effects is still not fully understood. How does unskilled physical activity (e.g., repetitive exercise) compare to training in skilled activities or exposure to complex environments? In injury states, is task-specific training a better rehabilitative strategy than general exercise? How do changes in motor activity affect specific brain regions, and can the intensity and timing of therapeutic movement be adjusted to produce optimal outcomes? Are the beneficial effects of motor enrichment banked over periods of inactivity and can they be called upon with booster training to treat a later neurological disorder? Are there circumstances in which increased activity is harmful? Enrichment of physical activity shows promise as an easy and healthful means for improving or restoring brain function, and questions like these are now being investigated so that the full potential of increased activity may be harnessed.

> 운동은 지속시간에 따라 운동효과의 차이가 발생하는데 운동실시 초기에는 신경영양인자의 수준이 증가되지만, 일정시간이 지나면 운동시작 전 수준으로 되돌아감. 이는 실시한 운동이 익숙하지 않은 새로운 운동일 경우 신경영양인자와 신경가소성이 발생되지만 시간이 지나 반복적이고 쉽고 익숙한 운동이 된다면 이러한 효과가 감소.

　이 연구는 기존의 고강도, 유산소운동의 연구 결과보다 흥미 있는 결과의 연구이다. 이 연구는 많은 사람에게 어떤 운동이 두뇌에 영향을 주는 운동인지에 힌트를 준다. 또, 두뇌가 어떤 성질의 정보에 흥미를 느끼는지 유익한지 두뇌에 영향을 주는 운동이 어디서 출발해야 하는지 이해를 도와주는 연구이기도 하다.

　2006년에 발표된 m.t woodlee의 "The impact of motor activity and inactivity on the brain"이라는 "활동과 비활동이 뇌에 미치는 영향"의 연구에서 운동은 지속시간에 따라 운동 효과의 차이가 발생하는데, 운동을 시행한 초기에는 신경 영양성 인자의 수준이 증가하지만, 일정 시간이 지나면 신경 영양성 인자는 운동을 시작하기 전의 초기 수준으로 돌아가게 된다고 했다.

　이는 실시한 운동이 익숙하지 않은 새로운 운동일 경우 신경 영양

성장인자의 증가 혹은 신경가소성 강화와 같은 뇌의 긍정적인 효과를 발생시키지만, 실시한 운동이 시간이 지나 반복적이며 쉽고 익숙한 운동이 된다면 이러한 효과가 감소한다는 것을 나타내는 것이다. 새로운 운동이 처음에는 두뇌에 자극이 되지만 시간이 지나 반복적이면 우리의 몸이 자동화되어 반응하며 자동화된 움직임은 초기의 운동에 대한 집중도보다 떨어지고 의식보다 무의식적인 진행으로 신경가소성이 저하되면서 긍정적인 영향을 주지 않는다고도 볼 수 있다. 이것은 무척이나 두뇌 운동에 관한 힌트가 되어 주고 있다.

이 연구에서는 아무리 좋은 운동이라 하더라도 두뇌에 새롭고 신선한 자극이 없다면 두뇌는 전전두엽의 의식을 가져가기 힘들게 되고 의식과 동화되지 않은 반복적인 자동화된 운동이라면 신경가소성의 수준이 저하 되고 신경 영양성 인자의 분비가 저하된다는 결론이다. 그러니까 양적으로나 질적으로 증가하지 못하고 단계적 설정이 없다면 그 운동은 익숙해지면서 뇌에 아무런 영양인자나 가소성을 주지 못하게 된다.

복잡한 작업과 운동이 두뇌에 어떤 영향을 주는지를 예측할 수 있는 실험이 있다.

그리노프(William T. Greenough)는 경험과 환경이 뇌 발달에 미치는 영향을 연구하기 위해 쥐를 대상으로 실험을 진행했다. 그의 연구는 신경가소성과 학습이 뇌 구조에 미치는 영향을 이해하는 데 중요한 기여를 했다. 그리노프는 실험 쥐들을 세 가지 환경에서 키운 후, 뇌 구조의 변화를 비교했다. 첫 번째 환경은 풍부한 환경(Enriched Environment, EE) 즉, 장난감, 미로, 바퀴 등이 있는 자극적인 환경이며 여러 마리의 쥐가 함께 생활하면서 사회적 상호작용 가능한 환경이다. 두 번째 환경은 일반적인 환경(Standard Environment, SE)으로 단순한 우리에서 몇 마리의 쥐가 함께 생활하는 환경이고 세 번째 환경은 열악한 환경(Impoverished Environment, IE)으로 아무런 자극이 없는 단순한 우리에서 혼자 생활하는 환경이다. 실험 결과는 풍부한 환경(EE)에서 자란 쥐는 대뇌피질의 두께 증가, 신경세포 간 연결 강화로 시냅스 수가 증가하며 운동 능력, 학습 능력, 기억력과 문제 해결 능력이 향상되었다. 반면 열악한 환경(IE)에서 자란 쥐는 대뇌피질 얇았고 오히려 시냅스 수가 감소하였고 학습과 기억 능력이 저하되었다. 환경의 차이가 뇌 구조에 큰 영향을 미친다는 사실을 밝혔다.

그리노프는 후속 연구에서 운동도 뇌 발달에 긍정적인 영향을 준다는 것이 밝혔다. 운동을 한 쥐들은 풍부한 환경(EE)에서 자란 쥐들과 비슷한 뇌 발달을 보였고 단순한 환경에서도 달리기 바퀴를 사용한 쥐는 신경세포가 더 발달하였다. 또, 운동 환경(Running Environment, RE)에서는 쥐가 지속해서 운동할 수 있도록 설계된 환경으로 한 집단은 달리기만 시켰고 다른 집단은 평균대, 혹은 고무줄 사다리를 걷기 등 복잡한 운동을 시켰다. 2주 후 검사에서 달리기만 한 쥐의 소뇌에서는 아무 변화가 없었지만, 복잡한 운동을 한 실험집단은 신경세포 성장인자가 35%나 증가하였다.

위의 실험에서 알 수 있듯이 풍부한 환경(EE) 즉, 다양한 자극을 줄 수 있는 환경에서 일반적인 환경(SE)과 열악한 환경(IE)보다 신경세포와 시냅스가 발달하였고, 운동 환경(RE)에서 달리기를 한 쥐는 풍부한 환경(EE)에서 생활했던 쥐와 비슷한 뇌발달을 보였고, 일반적인 달리기를 한 쥐보다 평균대에서 균형을 잡으면서 달리기를 한 쥐의 신경세포가 더 발달하였다.

이로써 다양한 자극을 줄 수 있는 환경, 운동을 할 수 있는 환경과 점점 복잡한 운동을 할 수 있는 환경에서 신경세포와 시냅스의 연결이 더 발달한다는 것을 알 수 있다. 복잡한 경험의 학습과 운동을 할수록 신경가소성을 촉진한다.
그리노프의 쥐 실험은 환경과 경험이 뇌발달에 결정적인 영향을 미친다는 것을 증명한다.

가령 1단계의 운동이 있다면 1단계 운동을 처음 접했을 때는 생소하고 익숙하지 않아서 신체가 부자연스러움을 유도하게 되면서 신경가소성을 촉진한다. 1단계 운동이 반복하면 할수록 익숙해지고 자동화되면서 무의식적 움직임으로 신경가소성이 저하되면서 신경전달물질이 저하된다. 신경가소성이 촉진되면서 익숙해지는 구간까지 신경가소성은 촉진되면서 신경전달물질을 분비한다. 이미 알고 있는 내용의 운동이나 결과를 알 수 있는 내용을 가진 운동의 환경이라면 신경가소성의 측면에서 고려해 볼 필요가 있다. 그러나 2단계 운동 즉 1단계보다 비슷한 성질을 가지고 있고 좀 더 어렵고 복잡한 운동이 준비되어 있다면 얘기가 다르다. 1단계 운동이 익숙해지고 반복하면서 자동화가 되면 1단계 운동보다 좀 더 난이도가 설정되어 있는 운동으로 옮겨가면서 운동을 하면 1단계 운동에서 신경가소성이 저하될 지점에서 다시 가소성을 촉진할 수 있다. 1단계~10단계의 점점 난이도가 증가하는 구조를 가지고 있는 운동이라면 신경가소성을 촉진하는 데 많은 영향을 줄 것이고 신경전달물질의 촉진에 도움이 된다.

요약하면 신경전달물질의 촉진을 위해서는 운동의 새로운 단계를 적용했을 때 신체의 부자연스러움을 유도하게 하는 것이다. 부자연스러움을 유도한다는 것 자체가 의식을 유도한다.

전전두엽의 의식을 가져가면 신경전달물질 분비를 촉진하고 전전두엽의 의식을 가져가지 못하는 상태, 즉 지속적인 반복 동작 구사로 흥미가 떨어지는 상태에서는 신경전달물질 분비를 저하한다. 거꾸로 얘기하면 신경전달물질 분비를 저하한다는 것은 신경가소성 촉진을 저하한 것이고 신경가소성을 저하한다는 것은 수업의 몰입도가 낮은 것이고 수업의 몰입도가 낮은 것은 수업이 집중을 유발할 만한 흥미가 없다는 말로 대변한다. 고로 태극 1장을 눈을 감고도

할 수 있다면 신경전달물질 분비는 저하된다. 이때 지도자는 태극 2장의 동작을 수련생에게 지도하면서 두뇌는 새로운 운동으로 인식되고 신경가소성이 작용한다.

　소위 '두뇌 운동'이라 미디어에서 소개하는 것을 자주 본다. 이러한 운동의 단점은 방송이라 노출을 자제해서인지 1, 2 동작에 머무르는 경우를 볼 수 있다. 물론 전두엽 활성에 관여하는 동작이긴 하지만 이 동작이 익숙해지면서 다음 단계로 진행되지 않으면 익숙해지고 자동화된 사람은 그 운동을 반복해도 더 이상 전두엽 활성에 영향을 미치지 못한다. 그래서 이러한 운동의 성질을 대상으로 두뇌 활성을 시키고 싶다면 다음 단계의 동작도 제시하는 것이 바람직하다고 할 수 있다. 반복적인 운동은 습관을 만들고 습관된 운동은 무의식 자동화를 만들어 뇌에 별 다른 가소성을 주지 못하는 것이다. 하지만, 반복적인 운동은 또 다른 기반을 제공하며 복잡한 운동과 상호보완적이다.

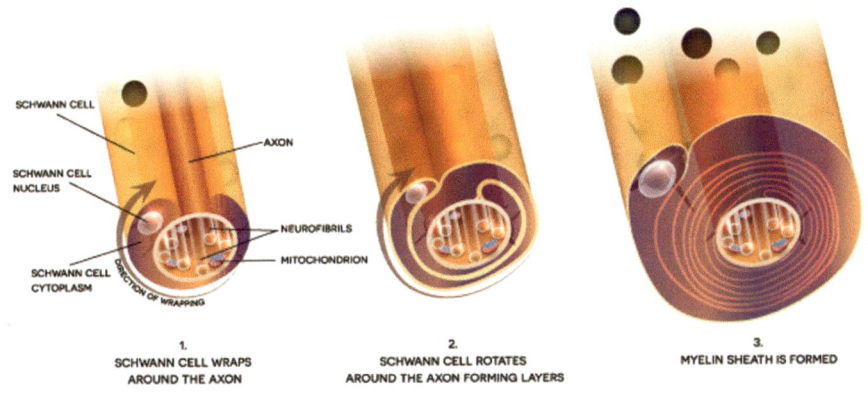

학습을 통한 미엘린의 발달. 우측으로 감싸면서 점점 두껍게 발달한다.

복잡한 운동 즉 신경가소성을 줄 수 있는 운동으로 신경세포가 생성되었다면 반복적 운동으로 신경세포의 미엘린(myelin)을 두껍게 하여 신경세포의 축삭을 견고하고 단단하게 한다. 반복적 학습으로 그 동작이 익숙해지면 동작에 관한 신경세포의 미엘린이 두꺼워진다.

이는 앞서 말한 기타를 유연하게 친다는 것은 뉴런의 축삭을 감싸고 있는 미엘린이 견고해졌다는 것이며 오랫동안 기타를 치지 않아 손가락이 제대로 움직이지 않는 것을 경험한다면 반복 학습으로 견고해진 미엘린이 얇아지고 있거나 부식되고 있다는 것이다. 또, 미엘린은 스트레스에 부식되거나 음주를 통한 알코올에 녹기도 한다. 그래서 음주를 한 다음날 창의적인 생각이 안 되거나 기억의 재생이 잘 안 되는 것을 경험한다.

미엘린이 두꺼워진다는 것은 뉴런의 수상돌기에서 받은 화학적 신호를 전기신호로 변환하여 축삭으로 보내어 축삭 말단에서 다시 화학적 신호로 변환해서 시냅스를 통하여 다른 뉴런에 전달하는데 이 전기적 신호를 정확하게 전달할 수 있다. 뉴런의 축삭이 전기 전선에 해당한다면 전선의 피복에 해당하는 것이 미엘린이다. 미엘린이 두꺼우면 전기의 전류가 잘 흐르지만 얇거나 부식되면 누전되는 경우가 발생하는 것과 마찬가지이다. 새로운 운동과 반복적 운동의 관계에 대해 알아보았다.

그러면 태권도가 두뇌에 주는 영향을 알아보자. 앞서 말한 바와 같이 익숙하고 정형화된 운동보다 복잡하고 새로운 운동이 두뇌에 신경가소성을 유발한다.

태권도의 기본동작의 낱기술을 살펴보면 양손 서로의 역할이 제각기임을 알 수 있고 손 모양도 각양각색이다. 서로 다른 모양의 손으로 기본동작을 할 때는 골프, 축구, 야구 등의 규칙적이고 습관적인 동작보다 높은 집중력과 인지력을 요구하며 동작이 끝날 때까지 계속 그 상태를 유지해야 한다.

태권도는 초심자가 입문할 때 어려워하는 것은 사람이 생활하면서 한 번쯤 경험해 봤던 치기, 던지기, 차기, 잡기, 돌기, 뛰기 등등의 생활 몸동작에서 벗어난 아주 생소한 운동이라는 것이다. 돌을 던져 본 사람은 공을 던지는 데 익숙해질 것이며 사물을 발로 밀거나 차본 경험이 있으면 공을 찰 수 있는 것처럼 생활 경험의 몸동작이 운동이나 스포츠의 몸동작과 유사성이 있다. 태권도는 생활하면서 전혀 경험해 보지 못한 특별한 동작과 잘 사용되지 않는 소근육으로 동작의 구사를 요구한다. 또, 태권도는 여러 복합적인 동작이 동시다발적 구사하는 구조의 형태가 많다. 복잡한 복합 동작을 이루고 있는 태권도 동작은 다음과 같다.

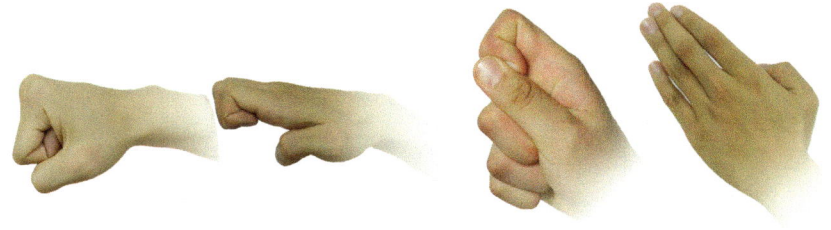

첫 번째, 다양한 손 모양을 들 수 있다.

태권도에 입문할 때 배우는 다양한 손 모양에 대해 나열하면 바른주먹, 세운 주먹, 편 주먹, 메주먹, 집게주먹, 손날, 등 손날, 곰손, 바탕 손, 편 손끝, 가위손끝 등등 다양한 손 모양으로 동작 구사를 한다. 태권도의 품새의 어떤 동작을 해도 언급한 손 모양이 중심적으로 이루어진다. 이 손 모양 또한 유지하기 위해 수준 높은 집중력을 요구하며 집중을 놓치면 형태가 변화한다.

두 번째, 각각 다른 손동작을 들 수 있다.

태권도의 서로 다른 역할의 손 모양을 유지하며 하나는 전방에 두고 다른 하나는 후방에 배치한다. 이것이 전방이 공격, 후방이 방어가 될 수 있고 반대로 구사되기도 한다. 또, 손동작의 공격과 방어가 시간의 차이를 두고 따로 구사될 때도 있고, 공격과 방어를 동시에 구사될 때도 있고, 양손이 동시에 공격이 이루어질 때도 방어가 될 때도 있다. 야구 배트를 잡는 것처럼, 골프채를 잡는 것처럼, 축구공을 찰 때 다른 손을 어떻게 유지해야 하는지보다 훨씬 규격화되어 있다.

세 번째, 다양한 '서기'를 들 수 있다.

다양한 손 모양과 각각 다른 손동작을 하면서 서기 동작을 구사한다. 태권도의 편히서기, 앞서기, 왼 서기, 오른 서기, 앞굽이, 뒷굽이, 꼬아서기, 범서기, 곁다리 서기, 학다리 서기 등은 편히서기만을 제외하고 각 발의 중심 비율이 서로 다르다.

네 번째, 중심축을 변화한다.

다양한 손 모양과 각각 다른 손동작을 하면서 다양한 '서기' 동작을 구사하면서 중심축을 변화한다. 태권도의 서기를 구사할 때 앞굽이 경우 내어 딛을 때는 중심축이 되는 발이 앞발이 되지만 뒤로 물러 딛을 때는 뒷발이 되기도 한다. 또, 전진, 후진도 하지만 전환하기도 전환하는 각도가 180도일 때도 있고 90도일 때도 있다. 이런 전환 서기를 할 때 서기의 규격을 놓칠 경우가 많다.

다양한 손 모양   각각 다른 손동작   다양한 서기(발 동작)   다양한 중심축   다양한 방향

다양한 수련 구조

다섯 번째, 다양한 방향으로 운동한다.

다양한 손 모양과 각각 다른 손동작과 다양한 서기 동작과 중심축을 변화하면서 다양한 방향으로 운동한다. 보통 축구나 야구나 골프 등을 예를 들면 공의 진행 방향을 신체 방향과 일치하는 경우가 많다. 운동의 대상이 보통 전방에 있기 때문이다. 태권도 품새의 경우 일정한 방향이 없으며 다방향을 구사한다. 어떨 때는 정면을 어떨 때는 후면을 어떨 때는 횡면을 구사하고 이 신체 방향 또한 정면으로 후면으로 횡면으로 전환하면서 구사할 때가 많다. 이 외에도 속도를 조절하거나 빠른 판단을 요구하거나 다양한 시선을 요구하거나 호흡을 요구하는 매우 복잡한 구조의 운동이다. 이렇듯 태권도의 한 동작을 구사할 때 관여하는 요소들이 많으며 태권도는 어렵고 복잡한 동작들이 동시다발적으로 구사된다.

구분	중점사항	지도 내용
1단계	기억력	동작의 형태와 자세한 설명을 하여 보다 목표에 가깝게 접근하는 방법을 안내
2단계	시선	의도하는 방향에 시선이 집중되는 단계
3단계	동작 정확성	동작의 정확성에 밀도를 두는 단계
4단계	중심	동작을 진행, 방향과 중심축을 변화하는 단계
5단계	힘, 속도	1~3단계가 완성으로 힘과 속도를 조절하는 단계
6단계	반사 신경	모든 동작의 완성의 단계 동작의 실제, 상대와 대입, 타이밍

여섯 번째, 다양한 구조의 수련 방법이다.

태권도는 각 동작을 각각 연습하고 각각의 동작을 서로 연결해서 연습하고 다시 완성된 연결 동작이 겨루기나 품새에 대입하여 자신이 위급할 시나 필요할 시 되새김이나 어떤 생각의 절차 없이 사용하는 목적을 가지고 있다. 혼자서 각 동작을 기억, 시선, 중심, 동작의 정확성, 힘, 속도, 반사 신경의 각 단계별 목적에 맞춰 습득한 다음 상대와 수련한다. 1단계 '기억력'에서는 지도자의 동작에 대한 형태와 성질에 관해 설명을 듣고 보다 효율적 접근을 구상하는 단계이고, 2단계 '시선'에서는 동작이 의도하는 방향과 목표에 시선이 집중되는 단계이고, 3단계에서는 동작의 정확성에 무게를 두는 단계로 낱기술의 동작을 다듬는 단계다. 4단계 '중심'에서는 3단계의 동작을 연무선을 진행하면서 진행 방향의 변화에 따라 중심축을 원활히 이동하는 것을 습득하는 단계이고, 5단계 '힘과 속도'는 중심축의 습득으로 연무선을 진행하면서 동작의 힘이나 속도에 집중하면서 조절하는 단계이며, 6단계 '반사 신경'에서는 동작이 실제에서도 원활히 구사되는지 여러 도구나 상대를 통해 적절히 적용되는지 점검하는 단계이다.

여기서 중요한 점이 개인 수련으로 동작을 완성하고 상대와 수련하는데 단지 상대와 동작을 주고받는 겨루기라도 신경가소성이 촉진되며, 이유는 동작을 주고받는 과정에서 순간적인 판단과 적응력 즉, 감각, 연합, 운동의 통합 기능이 활성화되기 때문이다. 또 상대를 바꾸면서 똑같은 동작을 다시 주고 받았을 때 상대의 특성 즉, 실력과 속도와 힘의 정도와 같이 예측하지 못하는 특징을 이해하며 반응해야 한다. 다양한 상대와 동작을 나누면서 상대의 개인적 특징에 새로운 감각 피드백을 학습해야 했기에 적응하는 단계에서 신경가소성이 촉진된다. 또, 다른 방법은 수련자 중 동작을 리드(동작을 이끌어 주는 수련자)하는 수련자와 팔로우(동작을 따라주는 수련자)로 나누면 다시 신경가소성이 증가하는데, 그것은 리드는 의사결정과 예측력, 상대의 속도와 힘을 조절해야 하고 팔로우는 리드의 동작에 반응해야 하므로 반응 속도와 감각, 운동 출력이 향상된다.

※ 솔로 댄스와 파트너 댄스의 BDNF 비교 실험

20~50세 성인 남녀 60명을 두 개의 그룹으로 30명씩 나누고 A그룹은 솔로 댄스를 B그룹은 파트너 댄스를 실시하고 4주, 8주 후 결과를 관찰하였다.

- A그룹 (솔로 댄스): 거울 앞에서 혼자 안무 연습 (자율적인 동작 수행)
- B그룹 (파트너 댄스): 같은 시간 동안 파트너와 함께 춤 연습 (리드 & 팔로우 역할 포함)

1. 혈액 샘플을 채취하여 BDNF 농도 분석 (실험 전, 4주 후, 8주 후)
※ 파트너 댄스 그룹이 솔로 댄스 그룹보다 BDNF 증가율이 더 높았음
※ 8주 후, 솔로 그룹은 30% 증가, 파트너 그룹은 60% 증가

2. B. 인지기능 변화
※ 작업 기억 테스트(숫자 순서 기억하기)
  → 파트너 그룹이 20% 더 높은 향상
※ 반응 속도 테스트(화면에 뜨는 자극에 대한 반응 속도)
  → 파트너 그룹이 평균 18ms 더 빠름
※ 공간 인지력 테스트(움직이는 물체 예상하기)
  → 파트너 그룹에서 더 높은 정확도
※ 파트너와 함께 춤을 춘 그룹이 인지기능 향상에서도 더 큰 효과를 보임

위 실험에서 파트너 댄스가 더 높은 BDNF의 증가를 한 이유는 파트너와 사회적 상호작용 즉, 상대와 리듬에 맞춰야 하고, 거리에 집중해야 하며, 댄스의 격렬함 정도 등 상대의 특징에 반응해야 하는 과정에서 전두엽, 감각 운동 피질의 활성화가 증가했기 때문이

다. 이는 운동과 사회적 상호작용과 파트너 댄스 시 발생하는 감각 피드백이 결합할 때 신경가소성이 극대화할 수 있음을 증명한다.

태권도는 이러한 동시다발적 복합 동작을 구사하며 상대와 수련으로 신경가소성을 증가한다.

태극 1장을 가정해 볼 때 운동의 원리를 이해하고 전체적인 구조를 파악하는 미숙한 상태를 전개 구간, 기술의 성장을 의미하고 일정한 수준에서 연습을 통하여 자동화를 이루는 단계를 반복 구간, 기술의 완료, 능숙하게 사용할 수 있는 단계로 숙달 구간으로 나뉜다면 전개 구간에서 반복 구간으로 갈수록 신경가소성이 촉진된다. 반복 구간에서 숙달 구간으로 갈수록 신경가소성이 저하되며 학습에 관한 신경전달물질이 저하된다. 그래서 전개 구간과 반복 구간에서는 새로운 신경세포를 생성해 주는 단계, 반복 구간에서 숙달 구간에는 미엘린을 두껍게 해주며 신경망 네트워크를 견고하고 단단하게 해주는 단계이다. 다시 태극 2장으로 동작을 익히면서 신경가소성이 촉진되며 신경전달물질이 분비된다.

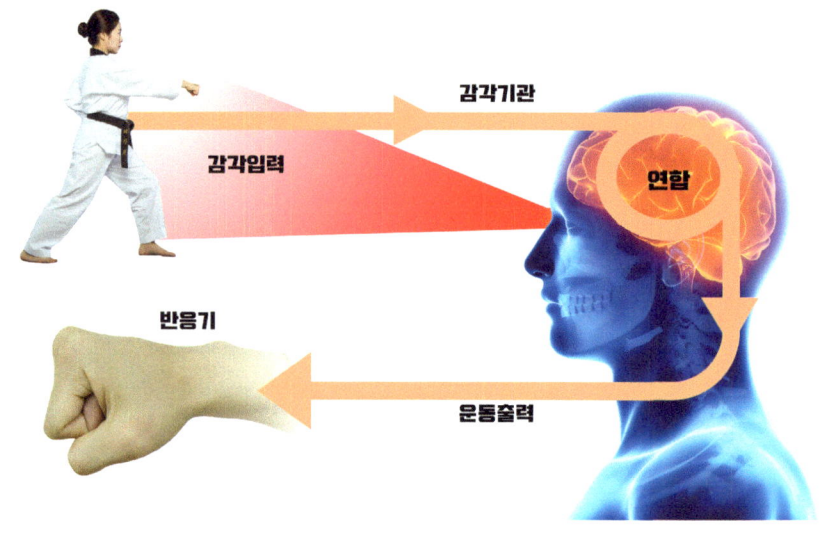

　우리의 뇌에는 감각 정보를 받아들이는 감각뉴런이 있고 받아들이는 감각을 분석하고 연합하는 연합 뉴런이 있으며 이 분석한 결과를, 반응기를 통하여 운동뉴런으로 운동 출력한다. 최초 감각기관이라는 수용기(시각, 청각) 등을 통해 정보를 입력하고 뇌에서 연합하고 통합하여 최종적으로 운동을 출력한다. 태권도의 한번 겨루기를 한다고 가정하면 상대의 공격 동작에 시각이나 청각을 통해 입력하고 이 동작이 의미를 분석하면서 학습된 동작을 출력하는데 이 반응 반사는 철저히 '학습된 동작', '의도된 동작'이라는 것이다. 우리가 무서운 뱀을 보면 화들짝 놀라서 몸을 피하고 맨발에 압정에 찔리게 되면 "아야!"라는 탄성을 지르게 되는데 이 같은 반사를 도피반사(Escape Reflex)라고 하고 도피반사는 신체가 위험을 감지했을 때 위협적인 자극을 감지했을 때 자동으로 나타내는 신경 반사이다. 도피반사는 감각신경에서 받은 정보가 뇌에 전달하기까지 걸리는 시간은 0.01초이다.

　태권도의 반응 반사는 도피반사와 같이 기본적인 반응 반사와 다른 점이 상대가 공격할 때 어떤 목적과 의미를 전두엽에서 통합하고 분석하여 해당하는 동작을 출력하는 '학습된 동작'이라는 것이다. 상대가 위협을 가할 때 우리는 무의식적으로 눈을 감게 되거나 반사적으로 손을 올리는 경우는 무의식 반사 동작이지만 태권도 수련 동작은 무의식 반사 동작이 아닌 전두엽에서 학습된 동작을 출력하기 위해 한 번 더 분석을 거치게 된다. 이때 전두엽은 자극된다. 이 '학습된 동작'은 1~8장을 수련하는 동안 점진적으로 어려워지며 복잡해진다.

　학습된 동작의 숙달 과정에서 일종의 습관 패턴이 생성되는데 다음 동작을 연습할 때 습관된 패턴의 동작이 간섭한다. 학습을 거듭할수록 많은 양의 패턴이 생성되고 상황에 맞게 학습한 동작을 출력하기 위해 간섭하는 동작을 필터링해야 하고 여기서 상대 동작에 대응하는 타이밍을 적절히 구사해야 한다. 여기서 전두엽의 역할이 필요하게 되며 운동이 종료될 때 전두엽은 자극되고 시간이 늘어남에 따라 활성화되는 수준이 증가한다.

　상대가 몸통지르기를 하면 신체의 수용기(시각, 청각)로 정보를 받고 전두엽에서 분석하고 연합을 진행한다. 해당 정보(공격)에 대한 어떤 방향에서 공격이 들어오는지 어떤 학습된 방어 도구로 방어해야 하는지, 어떤 공격 도구로 반격을 시도해야 하는지를 탐색해야 한다.

　이후 손(공격)이나 발(서기)의 반응기를 통하여 운동을 출력하게 되며, 상대의 공격에 대한 정보를 학습된 동작으로 출력하기 위해서는 전두엽에서 분석하고 판단을 요구하게 되고 이때 전두엽을 자극하게 된다.

　직접적인 겨루기에서는 사전에서 진행되었던 시뮬레이션에 대응하며 두뇌는 좀 더 복잡하고 다양한 기전이 발생한다. 즉, 상대의

공격 동작에 정확한 방어 동작을 구사해야 하고 판단력 또한 상대 공격 속도에 적절해야 하며, 각각의 다른 손동작의 힘이 적절히 배분되어야 한다. 거리 또한 상대와 근접한 거리를 유지해야 하는데 방어가 될 수 있는 거리, 반격이 가능하고 상대가 타격을 받을 수 있는 거리 조절이 필요하다. 또, 상대를 바꿔서 새로운 상대와 연습하면 대상 특징(더 빠른 공격, 다른 거리 조절, 힘 등)의 감각 피드백을 새롭게 학습해야 하므로 적응력이 더 필요하며 신경가소성이 더욱 촉진된다. 즉, 상대의 움직임을 예측하고 반응해야 하는 과정에서 전두엽, 감각 운동 피질의 활성화가 증가한다.

8

뇌발달을 위한 구조의 태권도

1) 방법 – 낱기술 연습

2) 방법 – 한번겨루기 연습(사전 동작)

3) 방법 – 기본 연결 동작 연습

4) 방법 – 기본 연결 동작 한번 겨루기

8. 뇌발달을 위한 구조의 태권도

신경가소성을 촉진하기 위해서는 점진적으로 복잡한 운동을 해야한다. 예로 수학이라는 학문을 들 수 있는데 수학은 기초부터 고급 수준까지 과정을 갖추고 있는 양적 증가의 학문이다. 뇌발달 운동도 수학처럼 서로 상관관계가 존재하면 신경가소성을 촉진하는데 최적의 두뇌 운동이다. 전혀 서로 다른 성질의 운동을 연결하는 것은 신경가소성을 촉진하는 데 무리가 있다.

운동이 단계별 증가의 한계에 다다른다면 신경가소성의 촉진도 저하되면서 신경영양인자의 수준도 함께 저하된다. 그래서 점점 어렵고 복잡한 운동으로 이동하고 선행되었던 학습과 비슷한 성질의 연관성과 상관관계가 있다면 신경세포는 빠른 연결을 시도한다. 이때 운동의 난이도를 조절할 때 주의할 점은 단계별 운동의 나열하는 것인데 어려운 동작의 점점 난이도를 설정해야 하는 구조적 특성을 이해하면 좋다. 쉬운 동작과 어려운 동작이 뒤섞여 있으면 안 되며 쉬운 동작에서 점점 어려운 동작으로 단계별로 설계해야 한다.

태권도는 앞서 말한 양적 증가를 이미 태극품새 '1장에서 일여'까지의 단계별 교육과정이 있으며 이것을 레고처럼 분리하여 구조적인 두뇌 운동으로 편집할 수 있다.

1)-1 방법 - 낱기술 연습

아래막기　　몸통막기　　앞굽이 몸통지르기　　얼굴막기

　　태극 1장을 예로 들면 다음과 같은 핵심 낱기술의 아래막기, 아래 막고 지르기, 몸통막기, 얼굴막기를 편히 서기 준비상태에서 시선, 중심, 정확성, 힘, 속도 등의 단계별 지도에 맞춰 각각 지도한다.

1)-2 방법 - 낱기술 연습

준비서기　　오른발 물러 딛기 앞서기 아래막기　　준비서기　　왼발 물러 딛기 앞서기 아래막기　　준비서기

각각 습득한 낱기술을 반응 반사 수련에 대입해 본다. 태권도에서 이 과정은 상당히 중요한 과정이라 할 수 있다. 자신이 배워 터득한 기술들이 실제에 대입해 보면서 사용감을 익힐 수 있으며 수정하고 보완하는, 낱기술의 동작을 다듬는 과정이라 할 수 있다. 또한 자신이 무엇을 보완해야 하는지를 곰곰이 생각해 보며 스스로 피드백을 가져갈 수 있는 단계다. 대입하는 과정의 단계는 한번 겨루기가 적절하며 한번 겨루기의 사전 동작은 다음과 같다.

2) 방법 - 한번겨루기 연습(사전 동작)

위의 사전 동작을 충분히 연습한 후 한번 겨루기 수련을 지도한다. 지도할 때는 상대와 거리를 원거리에서 타이밍이나 반응 반사를 충분히 훈련한 다음 거리를 좁히면서 수련한다.

낱기술 한번 겨루기 아래막기 적용의 예시

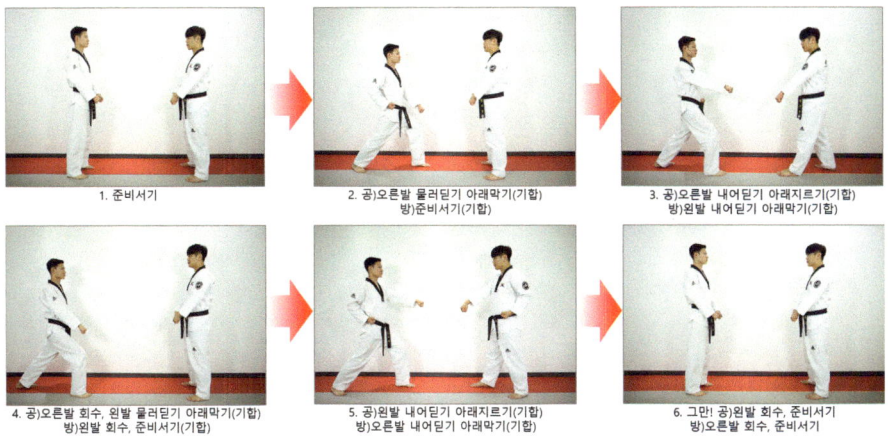

2 방법과 같이 한번 겨루기를 할 때 왼쪽과 오른쪽을 번갈아 가며 규칙적인 패턴도 좋지만, 왼쪽과 오른쪽을 불규칙한 순서로 진행하면 상대는 더욱 긴장을 놓치지 않고 경계하게 되는데 이런 방법으로 진행하면 대상은 강렬한 피드백으로 고도의 집중을 요구하게 된다.

3) 방법 - 기본 연결 동작 연습

아래막기, 아래 막고 지르기, 몸통막기, 얼굴막기의 충분한 핵심 낱기술 수련 후 낱기술을 추가한 연결 동작을 훈련한다. 예로 아래 막고 지르기, 몸통 막고 지르기, 얼굴 막고 앞차고 얼굴지르기, 앞굽이 아래 막고 몸통지르기를 훈련한다.

4) 방법 – 기본 연결 동작 한번 겨루기

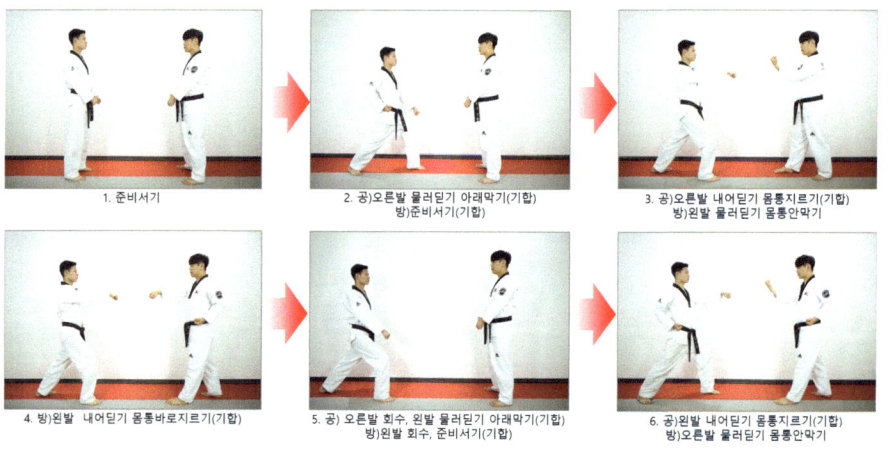

　위의 기본 연결 동작 아래 막고 지르기, 몸통 막고 지르기, 얼굴 막고 앞차고 얼굴지르기, 앞굽이 아래 막고 몸통지르기의 수련을 습득한 후 최종적으로 품새 수련을 지도한다. 이렇게 단계별 지도에 의한 수련 지도는 신경망을 점점 확장해 나갈 수 있게 된다.

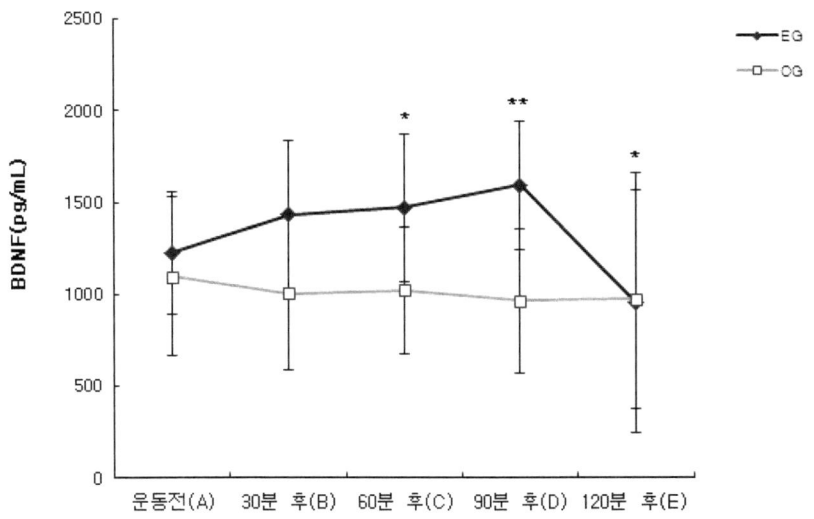

위 그래프는 '일회성 태권도 통합기능체력 프로그램이 BDNF, IGF-1 및 NGF에 미치는 영향'이라는 논문의 BDNF 실험 결과이다. 위 그래프에서 봤듯이 30분, 60분, 90분으로 구조적인 양적 성장 조건의 운동과 다양한 질적 조건의 태권도프로그램을 할수록 BDNF 생성은 증가하는 것을 볼 수 있으며 90분 후 휴식을 취하면서 BDNF 생성은 저하되고 운동 전 상태로 돌아갔다. BDNF 사전 사후 검사에서 운동 30분 후부터 증가하기 시작하여 60분부터 유의한 증가를 하였고 90분까지 지속적으로 증가하는 모습을 볼 수 있다. 위와 같이 BDNF의 증가를 위해서는 신경가소성을 촉진을 증가할 수 있는 구조적인 태권도프로그램이 필요하다.(논문 참조)

ADHD(attention deficit hyperactivity disorder)를 위한 태권도

9. ADHD(attention deficit hyperactivity disorder)를 위한 태권도

　코로나19 팬데믹을 지나면서 ADHD 아동이 증가하였다. ADHD 진단과 증상의 악화가 증가한 것은 여러 환경적, 심리적 요인과 관계가 있는데, ADHD 아동은 구조화된 환경에서 더 기능적으로 적응하는 경향이 있으며 학교 같은 규칙적인 환경이 사라지고 온라인 수업으로 전환되면서 주의력을 유지하는 능력과 과제의 수행 능력이 저하되었다. 야외 활동, 놀이가 제한되면서 ADHD 아동의 특성상 심리적으로 작용하는 에너지를 발산할 기회가 줄어들어 과잉행동과 집중력 저하가 두드러졌고 여가 시간의 남용이 스마트 기기 사용 증가로 이루어져 증상을 더 악화시킨 것으로 보고된다.

　특히 초등학교에 입학했어야 할 시기의 1학년 아동은 가정교육으로 전환되면서 친구, 동료와의 관계가 줄어들고 사회적 기술을 연습할 기회를 상실하게 되었다. 문제는 ADHD는 사회적 활동 수준에 의해 낮아지기도 높아지기도 하는데 팬데믹으로 발생한 '비활동성' 때문이었다고 전문가들은 말한다. 국민건강보험공단의 자료에 따르면 2017년 53.056명에서 2021년 102.322명으로 약 92.9%가 증가했고 10대가 전체 환자의 41.3%로 가장 많았으며 9세 이하가 23.8%, 20대가 21.6%를 차지했다.

　도장에서 수업하다 보면 지도자들은 고민이 이만저만이 아니다. 수업 시간에 뛰어다니거나 눕거나 뒹굴거나 어디에 올라가거나 하는 수련생이다. 또, 분노를 참지 못해서 남을 공격하거나 지도자에게 저항하기도 하고 물건을 집어 던지기도 문을 발로 차기도 한다. 바로 ADHD 아동이다. 지도할 때 불쑥 중간에 끼어들거나 지도자의 말이 끝나기도 전에 가로막고 자기가 하고 싶은 얘기를 하거나 수업과 관계없는 질문을 하기도 한다.

행동에 대해 실행지시를 내리는 전두엽의 기능 저하로 인해 ADHD 아이들은 눈치가 없거나 고집이 세고 자기 스타일을 고수하는 등의 행동을 하게 되어 또래 관계에 문제가 생기고, 주변의 부정적인 피드백을 많이 받아 성격이 부정적이거나 냉소적이기도 한다. 매사에 조급하고 참을성과 인내심이 부족하며, 중요한 일보다 당장 눈앞의 일만 생각하고 자기 행동 문제가 무엇인지 모르며 이는 성인이 되어서까지 문제를 일으키는 경우가 많다. 이처럼 인지, 정서, 행동 조절 등의 관련된 전반적인 부분에서 어려움을 보이는 것이 ADHD 증상이다.

많은 유아 교육전문가나 교사들이 아이의 품행에 대해 이런저런 지적을 하거나 주의를 시키면 부모님들은 어떻게 고쳐야 할지 막막하다. 자기 자녀가 학교 수업을 방해하거나 친구를 자극한다면 부모로서 어떻게 해야 할까? 얌전히 하게 하려면 어떻게 해야 하는지 부모로서 고민이 이만저만이 아니다.

또, 전문가들은 부모님의 행동수정에 대한 기술훈련을 추천하기도 한다. 그 하나가 보상요법인데 아이가 참을성을 요구하는 일을 하거나 올바른 행동을 행동했을 때마다 스티커를 모으게 하고 스티커가 정해진 개수를 채우면 상을 시상하는 것이다. 그러나 이러한 행동 조절 기술에도 문제가 있다. 잘 진행되면 다행이지만 자칫 부모와 자녀 사이에 관계의 갈등이 발생할 수 있으며 진행되는 과정에서 아이가 하나의 조작으로 받아들일 수 있기 때문이다.

운동은 ADHD 증상 개선에 긍정적인 영향을 미치는 것으로 알려져 있으며 신체활동은 뇌의 화학적, 구조적, 기능적 변화를 촉진하여 충동성, 과잉행동, 정서 안정 등에 도움이 된다.

운동은 도파민, 세로토닌, 노르에피네프린의 증가를 유도하여 ADHD의 주의력과 집중력을 향상한다. 이는 ADHD의 약물과 유사한 효과를 제공하는데 ADHD의 생리적 기전에는 신경전달물질 도파민의 부족이 관련이 깊기 때문이다. 또, 스트레스 호르몬인 코르티솔을 저하하고 세로토닌을 분비해 기분을 좋게 하고 노르에피네프린의 분비로 주의력을 향상한다.

우리 뇌 내의 혈류량이 부족하면 심리적 불안, 화, 짜증을 유발할 수 있지만 반대로 충분히 공급되었을 때는 심리적 안정과 함께 정보를 처리하고 학습할 수 있는 최적의 상태가 된다.

초등학생을 대상으로 20분의 유산소운동을 시행한 결과, 수업 중 집중력이 30% 이상 향상되었다는 연구(Smith et al. 2013)가 있으며 주 3회, 30분간의 저항 운동을 8주간 실시한 결과, ADHD 성인의 충동성과 불안 수준이 낮아지고 자기 통제력이 향상되었다는 연구(Chang et al. 2012), 20분 동안 빠르게 걷기 후 인지 과제를 수행했을 때 ADHD 아동의 반응 속도와 정확도가 유의하게 개선되었다는 연구(Pontifex et al. 2013), 9개월간의 운동 프로그램 참여 시 ADHD 아동의 인지기능과 학업 성취도가 지속해서 향상되었다는 연구(Hillman et al. 2014) 등 우리 주변에 운동을 통한 ADHD 개선의 연구는 흔하게 접할 수 있다.

과거 도장에서 수업하면서 주의력 결핍이 있는 아동의 부모에게 이러한 컴플레인을 받은 적이 있다. 어머니는 도장에서 규칙으로 제재하는 것 같아 아이가 도장 가기를 싫어하고 마음껏 풀어야 하는데 도장 규칙 때문에 그렇게 하지 못한다는 것이다.

그래서 도장 수련을 하게 된 목적이 뭐냐고 여쭈어보니 아이가 도장에 가면 제대로 놀다 올 수 있기 때문이라고 얘기하였다. 집에서 풀지 못하는 스트레스를 도장 가서 풀다 오라는 것이다. 이것은 ADHD 아동에 대한 이해가 부족해서 발생한 컴플레인이다. 실제 일반운동보다 무술 수련에서 ADHD의 개선 효과의 정도가 빠르게 나타난다.

Martial arts can improve your attention span and alertness long term – new study

Martial arts require a good level of physical strength, but those who take up training need to develop an incredible amount of mental acuity, too.

Mental strength is so important to martial arts that researchers have found karate experts' stronger punching force may be down to a <u>better control of muscle movement in the brain</u>, rather than increased muscular strength. Other studies have also found that <u>children who practice Taekwondo</u> improved in maths test scores, and behaviour.

Which leads to an interesting question – does taking part in martial arts cause the brain to develop better control, or do people with these brain characteristics choose to do martial arts? It is something that our team has been researching, with interesting results.

Martial attention

We've been specifically measuring attention to assess mental control, as previous research has suggested that <u>mindfulness</u> and <u>exercise</u> can both have beneficial effects on attention. You could argue that martial arts are a combination of both – active sports that involve aspects of meditation and mindfulness.

이 연구에서는 무술 수련자와 비 수련자의 경계 테스트를 비교 분석했으며 무술 수련자가 비 수련자보다 좀 더 높은 경계 점수를 받았다고 한다. 이것은 무술 수련자들이 더 강한 인지적 조절을 통해 상대적으로 높은 각성을 유지한다는 것을 의미하고 각성이 향상되면 높은 주의력을 발휘한다.

첫 번째, 다른 운동이나 스포츠보다 엄격한 규율과 보상이 이루어지는 곳이다.

ADHD 아동은 방임적인 수업을 통해선 개선되기 어렵다. 정해진 규율을 통해 자신을 제어하는 능력을 배양해야 한다. 태권도장에서 지켜야 하는 규율 속에서 자신의 고착된 행동 패턴이나 사고패턴을 수정해야 한다. 이런 규율 안에서 ADHD의 행동패턴의 변화가 일어날 수 있다. 또, 행동 패턴이 변화하려는 의도를 지도자는 읽어 들이며 그 즉시 칭찬이나 여러 가지 보상을 통해 의욕과 의지를 가지게 할 수 있다.

두 번째, 활동 수업을 통한 문제 해결 능력 향상을 들 수 있다.

도장 수련의 특성상 여러 가지 활동 수업을 하게 되는데 이때 규칙을 적용하며 사고, 행동 패턴을 수정할 수 있다. ADHD의 특성상 활동 수업 시 여러 가지 문제에 봉착하게 된다. 예를 들어 규칙을 지키지 못하는 일, 경기규칙, 도장 규범, 줄 서는 것, 동료 간의 갈등 등의 문제에서 해결 능력이 향상된다. 지도자가 문제가 일어나는 즉시 교정 교육을 시도하여 수정 보완을 할 수 있다.

세 번째, 태권도 기본동작을 통한 다양한 근육을 조절할 수 있다.

태권도의 기본동작은 다양한 근육을 발달한다. 대부분의 태권도 동작이 평소에 잘 사용하지 않는 소근육으로 구성되어 있으며 인체의 미세한 근육을 발달시키고 조절하고 제어하는 능력을 배양한다.

ADHD 아동이 규칙에 잘 적응 못 하는 것을 배제할 것이 아니라 훈련으로 터득해야 한다. 이 습득 과정에서 전두엽이 자극되면서 행동에 변화가 오기 시작한다. 또, 규칙은 사회적응에는 꼭 필요한 것이며 단체생활로 이루어진 학교, 학원 등 어디에서도 적응하기 위해선 불가피하다.

2016년 Journal of Pediatric Neuropsychology에 발표된 연구에서는 12주간 태권도 수련을 한 ADHD 아동 그룹에서 주의력과 충동 조절 능력이 유의미하게 향상된 것으로 나타났다.

미시간 대학교 소아과 교수인 베스 티라니(Beth Tarini) 교수는 ADHD 진단을 받은 812명의 학생을 대상으로 태권도 수련이 증상에 미치는 영향을 연구했다. 학생들은 주 2회, 회당 45분씩 태권도를 수련했으며, 두 달 후 집중력 개선과 학업 성적 향상이 관찰되었다.

국내에서도 태권도 수련이 ADHD 아동의 문제 행동에 긍정적인 영향을 미친다는 연구가 있다. '태권도 수련 프로그램이 ADHD 아동의 문제 행동에 미치는 영향'(박기용, 문철희, 김동원, 2010)의 연구에는 한 연구에서는 태권도 수련 프로그램을 적용한 후 아동들의 주의산만 행동 빈도가 감소하고, 과잉행동이 완화되었음을 보고했다.

태권도의 기능적 측면에서는 기본동작, 품새, 겨루기 등의 과정은 순간적인 집중을 요구하고 반복적인 연습을 통해 주의 지속 능력을 기르며 지도자의 지시에 즉각적으로 반응해야 하므로 시각, 청각 피질이 활성화하여 주의력이 강화된다.

태권도는 규칙과 예절을 중요하게 여기며 특정 상황에서 행동을 조절하는 방법을 터득한다. 예를 들면 상대와의 겨루기, 호신술, 한번 겨루기 등의 상대와의 수련에서는 공격과 방어를 상황에 맞게 힘과 속도를 조절해야 하고 상대와 몸풀기할 때도 호흡을 맞춰야 하므로 충동적 행동을 하는 습관에서 억제하고 조절하는 습관으로 변화한다. 수련 후 상대와 예의를 갖추거나 자기 순서를 대기할 때의 자세 등도 자기 통제력을 기르는 데 유용하다. 또, 태권도의 승급심사에서는 단계별 목표를 설정하고 성취했을 때 급수나 띠가 올라가면서 공식적인 보상을 받고 동기 부여한다. 지도자와의 개별 칭찬이나 보상도 중요하지만, ADHD 아동의 특성상 부정적 피드백을 많이 받는 경우가 많으므로 동료들이 보는 앞에서의 칭찬과 보상은 ADHD 아동의 자발적 행동을 강화한다. 승급심사에 불합격되면 인내하여 다음 승급심사를 기다리면서 인내와 끈기의 중요성을 배양한다. 이러한 태권도의 모든 과정이 ADHD 아동의 빠른 개선을 돕는다.

안티에이징(anti-asing)을 위한 태권도

10. 안티에이징(anti-asing)을 위한 태권도

　태권도 지도자는 초기 자원을 유치할 때 100명에 10명, 1000세대에 100명이라고 말한다. 자세히 보면 그 10%는 태권도 및 다른 무도 교육이 필요한 사람이고 그 10% 안에서도 유도, 합기도, 복싱 등으로 세분될 수 있다. 무도 안에서도 치열한 자원유치 경쟁을 벌여야 한다. 그러면 나머지 90%의 자원을 유치하려면 태권도가 어떤 노력이 필요하고 무엇을 확보하면 될까?
　무도 교육에 관심을 가지지 않는 90%라도 건강을 요구, 필요로 하고 '인간답게 살기 위해서는 건강'이 필수라고 생각한다. 생물학적으로 수명을 가진 인간은 건강이라는 범주에서는 벗어날 수 없다는 것이다. 누구나 건강을 염원하고 '안티에이징'을 희망하고 있다. 21세기의 슬로건은 바로 '안티에이징', 즉 행복한 삶을 추구하기 위해서는 핵심 요소인 노화를 예방하고 극복하는 '항노화'이다.
　모든 시니어가 노화에 관해 관심이 있고 건강을 유지하고 싶어 한다. 하지만 노화는 피할 수 없으며 노화를 일으키는 주체는 '뇌'이다. 나이가 들수록 움직이기 싫다고 어렵다고 생각하는 것은 자연스러운 반응이다. 이는 뇌의 신경세포와 신경망이 축소되고 신경세포의 사멸로 더 이상 외부 정보를 받아들이지 못하는 현상이다. 이때 내버려 두면 전두엽 손상이 오고 그 기전을 타고 퇴행성질환에 노출되기도 한다.

시니어의 운동 목적은 단순히 근육을 발달하고 관절을 유연하게 움직이는 것이 아니다. 시니어의 운동은 단순히 건강과 체력의 문제가 아니라 신체적인 노화를 예방하면서 뇌의 노화도 함께 지연하고 나아가 뇌에 관련되는 퇴행성질환도 예방하고 싶어 한다. 시니어가 두뇌 관리를 열망하는 이유는 알츠하이머 같은 퇴행성질환은 개인적인 질병이라기보다는 가족 단위의 질병이며 이는 자신의 질병으로 온 가족이 질병 개선에 집중하게 되어 있으며 이에 따라 가족의 일상들이 무너지는 것을 경험한다.

점점 저출산으로 인해 저연령 자원유치가 과열될 것으로 예상된다. 저출산이 태권도 시장에 초래하는 피해는 실로 어마어마하다. 많은 지도자가 지역 자원이 소멸하면 자신의 도장이 문을 닫게 될 텐데, 어떤 계획이 있냐는 질문에 '인구 밀집 지역으로 도장을 이관할 것'이라는 답변을 내놓았다. 그러면 아파트 2000세대에서 3개의 태권도장이 서로 자원을 나눠서 유치했다면 다른 도장의 무분별한 입점으로 유치경쟁은 더욱 심각해진다는 결론이 나온다. 많은 산업이 제4차 혁명으로 들어서면서 경영 하락을 면치 못하고 있으며 너무 빨리 트랜드가 변화하는 탓에 쫒아가기에 급급하지만, 태권도는 주 수련 층인 저연령 자원이 감소하면서 미래가 뻔히 보이는데도 대비를 하지 않는다는 것은 대단히 아이러니하다.

갈수록 저출산에 시니어가 대체 자원이란 것에 지도자 대부분 믿어 의심치 않을 것이다. 이제는 엘리트 육성보다 생활체육으로서의 태권도에 무게를 두어야 한다. 생활체육으로서의 태권도는 사람들에게 어떤 목적을 가지고 있고 어떤 영향을 주는가를 염두에 두어야 한다.

세계에 많은 운동지도자들과 운동학회가 관심을 두고 있는 콘텐츠는 바로 '항노화'이다. 항노화는 노인 시대에 접어들어서면서 운동, 과학이 앞다투어 연구하고 있는 핵심 요소이다. 태권도도 운동이라는 범주 안에서의 '항노화'는 간과할 수 없는 숙명이다.

많은 시니어가 다양한 운동과 스포츠를 즐긴다. 걷기, 배드민턴, 골프, 헬스 등 많은 운동을 한다. 이러한 자원이 태권도장에 유입되기 위해서는 다른 운동과 스포츠보다 태권도가 어떤 역할을 할 수 있고 어떤 목적을 가지고 있느냐가 중요하다. 즉, 태권도가 다른 운동보다 무엇에 특화되어 있고 그 무엇이 더 영향을 주는지를 설명해야 한다.

태권도는 두뇌 계발에 특화되어 있는 운동이다. 시니어는 신경전달물질과 호르몬이 불균형해지면서 신경세포에 손상이 가게 되고 이에 따라 인지기능도 함께 저하된다. 운동 기능이 저하되면서 근육량이 감소 되고 그로 인해 골밀도가 떨어지고 신경세포가 점점 사멸하는 과정을 거치며 퇴행성질환에 노출된다.

신경전달물질의 분비를 유도하기 위해서 유산소 운동과 심폐지구력 운동이 연관 있다는 연구를 많이 접하게 된다. 하지만, 이 책에서 언급한 내용에는 신경가소성을 촉진하는 운동이 신경영양인자의 분비를 유도하며 유의한 증가를 위해서는 점점 단계별로 복잡한 운동으로 옮겨가야 한다고 설명한다. 이미 태권도의 기본 동작과 품새는 태극 1장에서 일여까지 이어지는 이러한 양적 증가와 복잡한 운동을 모두 만족 해주는 뇌 기능발달에 특화되어 있는 운동이다.

또, 시니어의 운동에서 가장 고려할 사항이 안전이다. 소뇌 기능의 약화로 균형감각이 떨어지므로 격렬한 정도와 운동 강도를 조절할 필요가 있다. 태권도의 품새 수련은 안전하게 운동할 수 있는 동작으로 구성되어 있으며 낙상의 위험을 줄이고 균형감과 신체의 협응력을 보완하며 훈련할 수 있다. 또 평소 잘 사용하지 않는 미세한 근육들을 다루면서 다양한 동작을 구사하면서 공간 감각과 감각기능을 회복한다.

낱기술, 연결 기본동작, 품새를 외우면서 수행하는 과정은 해마와 전두엽을 자극, 활성화하여 기억력과 집중력을 회복해 주는 데 중요한 역할을 한다. 몇 가지 루틴으로 반복하는 스포츠와는 비교가 되지 않을 정도로 난이도별 다양한 동작으로 점점 어렵고 복잡한 구조적 학습을 하면서 인지기능의 향상과 신경세포의 손상을 예방할 수 있다.

이것은 두뇌 운동에서 대단히 중요한 요소로서, 신경영양인자의 분비를 촉진하여 신경세포 간의 연결을 강화함은 치매와 같은 인지기능 저하를 예방하는 데 결정적인 역할을 한다. 시니어는 이러한 체계적인 교육의 최종목표인 승급심사로 점점 저하되는 자신감과 성취감을 되찾고, 이로써 일상생활의 안전성을 높일 수 있고 건강한 생활을 유지할 수 있다.